国家重点研发计划（2019YFB1600303）课题
浙江大学平衡建筑研究中心配套资金资助
阿里巴巴－浙江大学前沿技术联合研究中心（AZFT）配套资金资助

基于多智能体的停车系统仿真优化理论与实践

梅振宇　赵锦焕　章　伟　著

ZHEJIANG UNIVERSITY PRESS
浙江大学出版社
·杭州·

图书在版编目(CIP)数据

基于多智能体的停车系统仿真优化理论与实践/梅振宇,赵锦焕,章伟著. —杭州:浙江大学出版社,2022.8

ISBN 978-7-308-22902-9

Ⅰ.①基⋯ Ⅱ.①梅⋯ ②赵⋯ ③章⋯ Ⅲ.①停车设备－系统仿真 Ⅳ.①U491.7

中国版本图书馆 CIP 数据核字(2022)第 140484 号

基于多智能体的停车系统仿真优化理论与实践

梅振宇　赵锦焕　章　伟　著

责任编辑	石国华	
责任校对	胡岑晔	
封面设计	刘依群	
出版发行	浙江大学出版社	
	(杭州市天目山路 148 号　邮政编码 310007)	
	(网址:http://www.zjupress.com)	
排　　版	杭州星云光电图文制作有限公司	
印　　刷	广东虎彩云印刷有限公司绍兴分公司	
开　　本	710mm×1000mm　1/16	
印　　张	10.75	
字　　数	200 千	
版 印 次	2022 年 8 月第 1 版　2022 年 8 月第 1 次印刷	
书　　号	ISBN 978-7-308-22902-9	
定　　价	58.00 元	

前　言

衣食住行是人的基本需求,其中的行即交通。交通又是人的出行、城市的运转以及社会发展的基础。在交通系统中,每个人都是参与者,也是评价者,但大家往往是站在自己的视角去看待交通问题,无法给出系统全面的评价。交通系统是一个典型的复杂系统,而作为城市交通系统子系统的城市停车系统也是一个由人、车、停车场与环境组成的复杂系统,是由社会、经济、动态交通、静态交通相互作用的复合系统。目前大中城市愈演愈烈的停车难问题是城市各种要素矛盾的表面化,涉及组合不合适、结构失衡及功能不畅等多种原因。因此,城市停车问题需要透过现象看本质,从复杂系统的视角进一步深入研究,从根本上去认识问题和解决问题。

停车系统作为复杂系统对传统建模和仿真方法提出了挑战,因而呼唤新的建模和仿真方法出现。当前国内外的研究表明,已有的基于还原论的建模方法不能很好地刻画复杂系统,或者说在研究复杂系统时是失效的。智能体(Agent)作为一些具有特别技能的、主动的软件实体可以有效地模拟停车选择等各种决策行为,采用 Agent 对个体之间以及个体与环境之间的交互进行建模,就能通过微观模拟和宏观统计方式对停车系统进行全景式观测和分析。

本书是笔者在多年从事停车系统仿真优化研究的基础上撰写而成的,试图基于 Agent 的建模与仿真提出通用的研究框架,系统地研究停车系统,拓展多智能体仿真在交通领域的应用范围。全书分为 4 章。第 1 章为概述,第 2 章为面向停车预约策略的仿真优化,第 3 章为考虑电动汽车充电设施设置的停车系统仿真,第 4 章为面向停车换乘的多模式组合出行仿真。

在本书的编写过程中,研究生冯驰、邱海、丁文超、唐崴、刘毅、阙祖琛、余婉婷、魏大钦等同学做了大量的编写与修改工作。本书的编写得到了国家重点研发计划(2019YFB1600303)、浙江大学平衡建筑研究中心和阿里巴巴—浙江大学前沿技术联合研究中心(AZFT)配套资金资助,同时还参考了同行、专家及相关人士的著作、文献、观点和资料,在此一并表示衷心的感谢。

　　由于编者水平有限,书中难免存在不妥之处,恳请同行专家和广大读者批评指正。

梅振宇

2022 年 4 月

目 录

第1章　概述

1.1　研究背景

我们的世界是由各种复杂系统组成的：微观至人体细胞系统的运动，中观至人类的衣食住行社会活动系统，宏观至宇宙系统的产生和运作。这些系统为何被称为复杂系统，因为这里面存在很多"无人知晓"的问题：生命是如何起源的？人体为何会生病？人类社会是怎样形成的？情感、思想、目的和意识这样不可言喻的特征是如何产生的？人类的衣食住行社会活动是如何组织的？宇宙发展的边界在哪里？……

认识和控制这些复杂系统，对于整个社会、经济、交通、军事、生态等都有着重要的意义。以城市停车系统为例，城市交通系统是由道路系统、流量系统和管理系统组成的一个典型的、开放的复杂巨系统。作为城市交通系统子系统的城市停车系统也是一个由人、车、停车场与环境的复杂巨系统，是社会、经济、动态交通相互作用的复合系统。因此，现在大中城市普遍存在的停车问题是一个典型的复杂系统问题，涉及社会、经济、交通等多方面因素，而不仅仅是车辆的停放问题。城市停车问题是城市发展过程中各种矛盾的表面化，其表现形式多样，或要素组合不合适，或结构失衡，或功能发挥不畅，究其原因主要与停车系统的复杂特性如开放性、非线性、不确定性等有关。因此城市停车问题须透过现象看本质，需要从复杂系统的视角进一步深入研究，从根本上去认识问题和解决问题。

复杂系统结构复杂，内部含有大量交互成分，并且交互过程频繁，难以用解析法、数值分析方法或其他形式化、半形式化方法来解决，仿真方法是目前最有效的解决途径。仿真的意义在于模型的有效性，因此用仿真的方法来研究复杂系统,首要问题是对研究的目标对象建立合理的仿真模型。对自然现象、工程、生物、人工生命、经济、管理、军事、政治和社会等领域复杂系统和复杂性研究的需求,对传统建模和仿真方法提出了挑战,因而呼唤新的建模和仿真方法的出现。当前国内外的研究表明,已有的基于还原论的建模方法不能很好地刻画复杂系统,或者说在研究复杂系统时是失效的(廖守亿,王仕成,张金生,2015)。

Agent 作为"智能主体",是一些具有特别技能的、主动的软件实体,类似于对象(Object)、部件(Component)、进程(Process)的概念,可以看作这些概念的人格化。基于 Agent 对人、车、停车场和环境的建模与仿真为研究城市停车复杂系统提供了一种有效途径。采用基于 Agent 的建模与仿真方法,对个体之间以及个体与环境之间的交互进行建模,就能够将复杂系统中个体的微观行为与系统的整体属性——宏观"涌现性"有机地结合起来,这已被证明是一种有效的建模方式,能实现对停车系统的全景式观测和分析。

因此,城市停车系统作为一个典型复杂系统,建立 Agent 的模型和仿真对其剖析和研究具有重要的理论和现实意义。

1.2　仿真模拟基础理论

1.2.1　智能体概述

现实生活世界中充满了各种智能体,如手机、无人驾驶车辆、机器人、飞行器、传感器、控制器等。作为人工智能的一个基本术语,智能体(Agent)是嵌入在环境中,可以通过传感器(sensors)感知环境并且通过执行器作用于环境的实体,即具有智能的实体。

广义上,智能体包括人类、物理世界中的移动机器人和信息世界中的软件机器人;狭义上,智能体是一个实际或虚拟的软件或硬件,利用传感器接收来自环境中的信息,并以主动服务的方式产生动作予以回应,在分布式系统中持续自主发挥作用。

相对应于智能分为自然智能和人工智能,智能体则分为自然智能体和人工智能体。自然智能体可以是人类个体,经济系统中的经营者,生态系统中的植物个体、动物个体等;人工智能体可以是交通流中的智能汽车、计算网络中的计算机、无人机等。

智能体能够通过感知器输入的感知序列感知外界环境和通过执行器执行动作。智能体包括执行器、感受器和将感知序列转化为执行动作的智能体函数。

智能体的感知序列是该智能体所接收的所有数据完整的历史。感知信息是智能体的感知输入,而感知序列则是感知信息的集合。一般而言,智能体在任何给定时刻的行动选择取决于到那个时刻为止智能体的整个感知序列。

把任意给定感知序列集合到执行动作集合的映射称为智能体函数。智能体函数是抽象的数学描述。从结构上来说,智能体可以定义为从感知序列到智能体示例动作的映射,设 P 是 Agent 随时可能注意到的感知集合,A 是 Agent 在外部世界能完成的可能动作集合,则 Agent 函数 $f:P-A$ 定义了在所有环境下智能体的行为。如果指定在每个可能时刻的感知序列下该智能体的行动选择,则可以说我们了解该智能体的一切。从数学上看,可以用一个把任意给定感知序列映射到智能体的行动的智能体函数来描述智能体的行为。

智能体程序是在物理实体上运行的智能体函数的具体实现。智能体每接收到一个新的感知信息,就将其添加到感知序列中,并根据先验知识的对应表得到一个行动(赵春晓,魏楚元,2021)。

当 Agent 具有以下行为时,可以认为 Agent 是智能的:

(1)Agent 的行为能够与其环境及目标相适应;

(2)能够灵活地适用于改变的环境及目标;

(3)能够从经验中学习;

(4)能通过计算做出恰当的选择。

1.2.2　多智能体系统概述

多智能体系统(Multi-Agent System,MAS)是由多个智能体个体组成的集合,它的目标是将大而复杂的系统建模成小的、彼此互相通信和协调的、易于管理的系统。

多智能体系统是由一定数量的智能个体通过相互合作和自组织,在集体层面上呈现出有序的协同运动和行为。多智能体系统的这种行为可以使群体系统实现一定的复杂功能,表现出明确的集体"意向"或"目的"(赵春晓,魏楚元,2021)。

1.多智能体系统的特点

从个体与系统的角度分析,多智能体系统具有"智能个体＋通信网络＝整体运动行为"的特点。其中,"智能个体"是指组成群体系统的每个个体都具有一定的自主能力,包括一定程度的自我运动控制,局部范围内的信息传感、处理和通信能力等。例如在车流的形成和维持过程中,每个司机通常只能根据其前后左右的相邻车辆的运动状态(相对距离和速度)来调整自己的运动状态。基于共同的加速或减速规则,可以在整体上形成车流的有序运动。

与单个智能体相比,多智能体系统具有以下特点(孟宪春,丁承君,段萍,等,2006)。

(1)容错性

每个智能体仅拥有不完全的信息和问题求解能力,不存在全局控制,而采用分布式控制策略。整个群集系统中不存在中心控制器控制所有的智能体,每个智能体均具有一定的自主能力。也就是说,智能体可以共同形成合作的系统用以完成独立或者共同的目标,如果某几个智能体出现了故障,其他智能体将自主地适应新的环境并继续工作,不会使整个系统陷入故障状态。该特点使得多智能体系统具有良好的鲁棒性。例如,执行任务的无人机蜂群即使有若干架无人机因故障或者被攻击丧失功能,剩下的无人机也可以在重新组网之后继续执行任务,从而提高战场生存能力。

(2)自主性

在多智能体系统中,每个智能体都能管理自身的行为并做到自主地合作或者竞争。系统中每个智能体都具有相对简单的功能及有限的信息采集、处理、通信能力,经过局部个体之间的信息传递和交互作用后,整个系统往往在群体层面上表现出高效的协同合作能力及高级智能水平,从而实现单个智能体所不能完成的各种艰巨、复杂、精度要求高的任务。

（3）灵活性和可扩展性

MAS 系统本身采用分布式设计，智能体具有高内聚低耦合的特性，使得系统表现出极强的可扩展性。

（4）协作性

多智能体运行的特点是协同协作规则。多智能体系统是分布式系统，智能体之间可以通过合适的策略相互协作完成全局目标。在物联网背景下，每个物体都会发展成一个智能体，实体交互不仅仅在两个物体之间发生，而是每一个智能体都可以和任何一个其他的智能体进行交互。多智能体之间的交互，其实就是在定义协同协作规则——智能体之间的行为交互方式或者交互模式。

2. 多智能体系统研究现状

（1）多智能体系统理论发展和研究现状

从 20 世纪 70 年代出现分布式人工智能（Distributed Artificial Intelligence，DAI）后，早期的研究人员主要将研究重心放在分布式问题求解系统（Distributed Problem-Solving Systems）中，试图在系统设计阶段便确定系统行为，对每个智能体预先设定各自的行为。但这种封闭性和确定性的设计理念使得系统在自适应性、鲁棒性和灵活性等方面表现不足，限制了分布式人工智能的工程应用。

20 世纪 80 年代，研究人员逐渐将重心转移到多智能体系统，在智能体分析建模上不再基于确定行为的假设，Rao 在 Bratman 的哲学思想的基础上提出了面向智能体的 BDI（Belief-Desire-Intention）模型，该模型使用"信念－愿望－意图"哲学思想来描述智能体的思维状态，刻画了最初的 MAS 系统智能体的行为分析，提高了智能体的推理和决策能力。

与此同时，相关研究学者为了解决传统的分布式问题求解领域无法很好地对社会系统进行建模等相关问题，也将注意力集中在智能体社会群体属性上，从开放的分布式人工智能角度出发，重点研究多智能体的协商和规划方式，如 Zlotkin 和 Rosenechein 提出的基于对策论的协商策略，使得各智能体在仅拥有局部信息的前提下依旧可以进行冲突消除，麻省理工学院的 Conry 等人提出的多级协商协议同样是使用局部信息对非局部状态的影响进行推理，以适应环境的改变。

伴随着多智能体技术在无线传感器滤波、生物医学、无人机编队控制等各领域的深入应用,该技术也遇到了诸多瓶颈,如对复杂系统建模的过程引入庞大的智能体数量而引起的通信代价过大、实时性不够等问题;当系统本身的计算资源和存储资源极度受限下的情况下,如何保证智能体之间的正常协作规划也是一个具有挑战性的问题。近年来,为了克服这些局限,学者们在计算机软硬件发展的大趋势下,提出了大量的研究成果,取得了许多突破性的进展(李杨,徐峰,谢光强,等,2018)。

群体行为(Swarming Behavior)是自然界中常见的现象,典型的例子如编队迁徙的鸟群、结对巡游的鱼群、协同工作的蚁群、聚集而生的细菌群落等。这些现象的共同特征是一定数量的自主个体通过相互合作和自组织,在集体层面上呈现出有序的协同运动和行为。

早期,该方面的大量研究工作集中在对自然界生物群体的建模仿真上。学者们通过大量的实验数据探究个体行为与个体之间关系对群组整体行为表现的影响。1987 年,Reynolds 提出一种 Boid 模型,它具有距离、距离保持和运动匹配的特点。这种模型大体描述了自然界中群体的运动特征。

1995 年,Vicsek 等提出一种粒子群模型,这种模型中每个粒子都以相同的单位速度运动,方向则取其相邻粒子方向的平均值。该模型仅实现了粒子群整体的方向一致性,而忽略了每个粒子的碰撞避免,但是仍为群体智能体建模做出了重要贡献。

受到这一自然现象和社会现象的启发,20 世纪 80 年代,科学家们认识到按照网络化和协作化的概念来规划和应用人工智能技术将会带来革命性的变化,工业发展也会产生巨大的飞跃。多智能体系统协同控制技术发展的一个重要里程碑是 1986 年 MIT 著名计算机科学家及人工智能学科的创始人之一 Minsky 在"society of mind"中提出了智能体的概念,并试图将社会协作行为的概念引入到计算机系统中。每个智能体具有和其他智能体交互,最终和人交互的能力。这样一群相互作用的理性个体就成为多智能体。在多智能体系统中,不同智能体之间既合作又竞争,构成了生物种群和人类社会的一个缩影。利用这一思想,科学家将集中式运算发展为分布式运算,把待解决的问题分解为一些子任务,每个智能体完成自己的特定任务。整个问题的求解或群体任务的完成被看作不同智能体基于各自的利益要求相互通信、进行协作和竞争的结果。与集中式问题求解系统相比,多智能体系统具有更高的灵活性和适应性。这一技术的发展也为今天云计算的产生奠定了基础。

随后,多智能体系统的研究进入"网络化系统与图论描述"阶段,具体地就是说群体系统是由许多个体通过某种特定的相互作用而形成的一类网络化系统。个体之间的相互作用关系在数学上可以利用图论方法进行描述和研究。在此阶段,学者们在对自然生物群落建模仿真的基础上,从对模拟推演层面跨越到从理论角度探寻个体与系统整体之间的关系层面。

最近,针对多智能体系统理论的研究进入实际应用阶段。多智能体系统已被应用于多个领域,从工业到电子商务、健康,甚至娱乐。大量的工作侧重于解决实际问题,尤其是工业、战争应用中出现的问题。多智能体系统的迅速发展一方面为复杂系统的研究提供了建模及分析方法,另一方面也为广泛的实际应用提供了理论依据(赵春晓,魏楚元,2021)。

(2)多智能体建模与仿真的应用研究现状

多智能体建模与仿真(Multi-Agent Modeling and Simulation,MAMS)已应用于许多领域,包括社会科学、经济学、人工生命、地理和生态过程,以及工业和军事领域。然而,大多数研究仍处于起步阶段,仍是实验室中的"思想实验",具有学术研究的性质。在现实中,实现复杂系统的仿真分析与控制还有很长的路要走。然而,复杂系统基于智能体的建模和仿真的研究已经在实践中得到了应用。

① 社会领域

社会科学是 MAMS 被应用最广泛的领域之一,其研究着重于人类系统的涌现行为和自组织,而 MAMS 是最适合捕获这些现象的方法学,这点也是众多社会科学家的共识。社会系统中的"人"与 MAMS 中的 Agent 在本质上是相似的。"人"被抽象为具有自主决策、学习、记忆、协调和组织能力的智能体。因此,Agent 需要使用神经网络、进化计算或其他学习技能来描述"人"的学习和适应能力。例如,将神经网络用于检测网络的异常行为,将孤立森林算法用于故障诊断。MAMS 在社会领域的研究应用包括各种"流",如交通、紧急情况下的疏散、客流管理、组织形成和政治互动等。圣塔菲研究所(Santa Fe Institute,SFI)的 Casti 模拟了阿尔伯克基(Albuquerque)的交通和环境条件,而 Raney 等人研究了瑞士的交通问题。此外,Ep-stein 和 Axtell 开发了一款基于 Agent 模型的仿真软件 ResortScape,可以用于停车场管理和决策。Bilge 开发了一款用于管理和监控超市的基于 Agent 模型的软件 SIMSTORE,该软件已实际应用于英国多家超市的经营管理中(Fan W H, Chen P Y, Shi D M, et al. ,2021)。

②经济领域

经济学是 MAMS 被广泛应用的领域。美国桑迪亚国家实验室(Sandia National Laborafories, SNL)的研究人员开发了一种基于 Agent 的美国经济仿真模型,名为 Aspen,它融合了 SNL 最新的进化学习和并行计算技术;与传统经济模型相比,该模型在很多方面都更有优势。在一个单一的、一致的计算环境中模拟经济,法律、规则和政策的影响都被考虑进去了(例如,为货币政策、税法和贸易政策研究建立详细的模型;单独分析各个不同的经济部门,或将经济部门和其他部门综合分析,以便更好地理解整个经济过程;准确地模拟经济中基础决策部门的行为,如居民、银行、公司和政策等)。Aspen 将个人、居民、企业等微观单位作为仿真对象,以分析政策对微观单位和宏观单位的影响。通过对特征变量的统计、分析、推断和综合,可以观察政策变化对微观个体的影响,以及政策执行对宏观和各层面的影响。SNL 已经建立了以一个简单市场经济的原型模型(对美国经济的简单仿真)和一个详细的过渡经济的仿真模型(对过渡经济的仿真)。

此外,由 SFI 的 Arthur 带领的 Bios 团队开发的虚拟股票市场已成功应用于纳斯达克(NASDAQ)股票市场仿真中。基于 Agent 的 NASDAQ 仿真模型成功地将基于 Agent 的建模思想与神经网络、强化学习等人工智能技术相结合。股票市场中的智能体采用各种从易到难的策略进行交互。通过智能体之间的相互作用,可以展现出整个股票市场的动态(Fan W H, Chen P Y, Shi D M, et al. ,2021)。

③军事领域

军事领域是 MAMS 的一个新的应用领域。军事对抗和陆战系统是复杂自适应系统(Complex Adaptive System, CAS),这一点已成为研究者的共识。因此,MAMS 可以用于研究战场行为,如军事对抗。现有研究结果表明,MAMS 具有强大的生命力,比现有的基于 Lanchester 方程的作战模型更有效,而且是一种很好的战场仿真方法。

美国国防部(U. S. Department of Defense, DOD)希望在未来的战场上能够实时、全方位地获取信息,为了使 C4 ISR(自动化指挥系统,其中"C4"代表 Command、Control、Communication、Computer,"I"代表 Intelligence,"S"代表 Surveillance,"R"代表 Reconnaissance)真正有用,必须采用先进的实时分布式建模和仿真工具,而复杂性科学可以帮助开发 C4 ISR。MAMS 作为一种复杂性科学方法论,它自然而然地成为 DOD 的先进建模和仿真方法。DOD 在基于 Agent 建模与仿真上的应用包括由美国海军陆战队作战开发司令部(MCCDC)开发的 ISAAC(Irreducible Semi-Autonomous Adaptive Combat)、EINSTein(Enhanced ISAAC Neural Simulation Toolkit)和 SWarrior,由美国陆军情报和安全司令部(INSCOM)开发的 ACME(Adaptive Collection Management Environment),以及由海战发展司令部和阿贡国家实验室(Argonne National Laboratory,ANL)的复杂适应性系统仿真中心共同开发的 TSUNAMI(Tactical Sensor and Ubiquitous Network Agent Modeling Initiative)。

ISAAC 是在 Agent 模型的基础上开发的。通过模拟战争,可以对"陆战系统在何种程度上具有自组织 CAS 特征"等问题做出解答。该软件并不是为了构建一个系统级别的战场模型而设计的,而是作为一个仿真工具来探索从不同的低级规则到高级涌现行为的交互(例如,从单个战士到一个小队)。ISAAC 的长期目标是将其后续产品转变为一个工具包,通过这个工具包可以探索战场上的涌现聚集行为。ISAAC 中的 Agent 具有规则、任务、态势感知和自适应四个特征。ISAAC 系统通过简单规则的交互,呈现了诸如向前推进、前线进攻、局部聚集、渗透、撤退、攻击姿态、围捕与牵制、包抄机动、游击攻击等作战概念。

EINSTein 是 ISAAC 的增强版,其主要的改进包括 Windows 风格的 CUI(Console User Interface)界面,面向对象的 C++代码,语境相关和用户定义的 Agent 行为,个性化的脚本表示,在线遗传算法,神经网络,强化学习和模式识别工具包,在线数据收集和多维可视化工具箱,在线分析工具箱,适应度协同进化图例显示。目前,EINSTein 主要研究两个基本问题:指挥与控制拓扑结构和作战相关信息。

MCCDC 还结合 ISAAC 的一些特性，开发了基于 Swarm 的 SWarrior。SWarrior 的目标是将 Swarm 改造为一种新的分析工具，以期能在基于 Agent 的仿真的基础上洞察未来的军事对抗。

INSCOM 和 SFI 的 Bios 团队开发的 ACME，可以帮助指挥官管理和获取实时的战场信息，在战场地图不断变化的情况下获取敌人的指挥所位置。

TSUNAMI 对红、蓝和中立方的兵力基于 Agent 建模，这些兵力具有复杂行为和不同的属性，如通信设备、感知能力、移动性、记忆能力、燃料和电池能量等。TSUNAMI 通过描述真实的地形来模拟战场的空间运动和交互，它还可以"克隆"各种传感器，运用规则集来模拟消息流和服务协议质量。

此外，ADFA（Australian Defense Force Academy）开发了 RABBLE（Reducible Agent Battlefield Behaviour through Life Emulation）。与 ISAAC 相反，RABBLE 采用了 MAS 结构，增加了学习机制，从而使得模拟的群体行为有利于决策。由澳大利亚 AOD（Air Operations Division）开发的 SWARM 和 Battle Model，可以对飞行员、战斗管理员、传感器管理员、空战防御指挥官和地面人员基于 Agent 建模。在军事领域，Heinze 利用基于 Agent 的模型研究了军事作战概念，Hill 设计并实现了 Tactical Simulation，即空战（特别是超视距作战）仿真的智能 Agent 软件模型（Fan W H, Chen P Y, Shi D M, et al., 2021）。

（3）多智能体仿真平台研究现状

随着基于 Agent 的研究的不断推进，国际上出现了各种各样的 Agent 仿真平台。针对某一领域的平台，比如 OpEMCSS，它可以进行复杂的交通系统仿真；MaDKit，可以模拟复杂的供应链；James 提供智能体之间的多协商仿真。但是，这些平台的通用性较差，它们强大的仿真能力只适用于某些特定领域。通用的 Agent 仿真平台，典型的如 JADE，NetLogo，Swarm，RE-PAST，MASON，AnyLogic 和 JCass，已经得到广泛应用。

①JADE

JADE 是一个提供基础、中间层功能的软件平台。它遵循 FIPA（Foundation for Intelligent Physical Agents）的规则，可以开发标准的智能体程序来完成多智能体之间的交互和仿真。FIPA 成立于 1996 年，旨在规范智能体技术，提高智能体的可用性。该平台主要研究基于智能体的软件开发的简单性和可用性。该平台于 2000 年开放源代码，成为一个免费的开源平台。JADE 最大的优点是它使用 Java 语言进行智能体抽象编程，具有灵活、可移植和可维护等特点(Fan W H，Chen P Y，Shi D M，et al.，2021)。

JADE 可以完成所有的智能体基础业务，如生命周期管理、移动性、白黄页业务、信息传输、安全管理等。在 JADE 中，智能体之间以异步模式进行通信。每个智能体都有自己唯一的 ID 以及用于发送和接收消息的消息队列，而且这些特性不依赖于位置。JADE 没有提供模型仿真的可视化窗口，需要进一步开发。近年来，JADE 被广泛应用于各种基于 Agent 的仿真开发中。

②NetLogo

NetLogo 是一个可编程的建模环境，适用于模拟自然和社会现象，特别是随着时间发展的复杂系统。NetLogo 配备了 turtle、patch、link 等各种类型的智能体，特别适合于复杂系统演化的建模。建模者可以向数千个独立操作的智能体发送指令，从而有助于在微观层面上洞察个体行为和因个体交互形成的宏观模型之间的联系。

NetLogo 的底层是用 Java 编程语言实现的，可以在所有主流平台(Mac、Windows、Linux 等)上运行，也可以在浏览器中运行，比如 Java Applets。NetLogo 有详细的文档和教学材料。它还附带了一个模型库，其中包含了许多已经编写好的仿真模型，这些模型涵盖了自然和社会科学的许多领域，包括生物和医学、物理和化学、数学和计算机科学、经济学、社会心理学等。

NetLogo 是一个继承自 Logo 语言的编程开发平台，它可以在建模时控制数千个个体，从而弥补 Logo 语言只能控制单个个体的不足。因此，用 NetLogo 建模可以很好地模拟微观个体的行为和宏观模型的产生以及两者之间的关系(Fan W H，Chen P Y，Shi D M，et al.，2021)。

③Swarm

Swarm 是美国圣达菲研究所根据复杂适应系统(CAS)理论开发的一种用于计算机仿真的标准多智能体软件工具集。它提供了一个高效、可靠、可重复使用的软件实验平台。通过建立基于 Swarm 的计算机模型，调用平台提供的丰富的类库，可以在许多研究领域进行仿真。

鉴于 Swarm 中的模型和模型元素之间的交互方式没有限制，用户可以专注于他们感兴趣的特定系统，而不是被数据处理、用户界面以及其他纯软件和编程问题所困扰。它对非计算机专业学者也很友好。因此，Swarm 受到了经济学、管理学、生态学、系统学、军事仿真、计算机科学等领域的广泛关注。

Swarm 模型一般由 Model Swarm、Observer Swarm 和 Individual Agent 和 Environment 这几部分组成，通过类库支持仿真实验的分析、显示和控制。Model Swarm 包括模型中的动作时间表和输入输出集。输入包括模型参数，如对象个数、初始值等。输出包括要观察的变量值和模型结果。Observer Swarm 是一个观察和衡量目标模型的窗口，包括一组个体和一个行为时间表。其中，个体是用于观测的检测器和输出接口，如图表和二维网格点。行为时间表用来描述每个检测器的采样间隔和采样顺序。

在基于 CAS 的 Swarm 建模思想及其结构的基础上，可以进一步总结出 Swarm 智能体的四个特点。一是聚合，单个智能体可以相互黏附，形成与单个智能体具有相同运动趋势的多智能体聚合体；二是非线性，即智能体及其性质在发生变化时不是完全线性的，而是非线性的；三是流动，指的是智能体之间的信息流、能量流、物质流的交换。此外，流的通道和流速直接影响系统的运行过程。四是多样性，即智能体之间存在分化趋势。

此外，Swarm 智能体的激活机制如下：一是标签，这有助于实现信息交换，并提出了在环境中搜索和接收信息的具体实现方法。二是内部模型，它表明了层次的概念，即每个智能体都有一个复杂的内部机制。三是构建块，也就是说，复杂的系统通常是在相对简单的组件的基础上，通过改变它们的组合而形成的。因此，Swarm 的智能体是具有多层次、不断与外界互动、不断发展进化的有生命的个体（Fan W H，Chen P Y，Shi D M，et al.，2021）。

④REPAST

REPAST 由芝加哥大学和美国 Argonne 国家实验室共同开发，随后由 REPAST 建筑和开发组织维护和更新。该平台支持 Java、C＃和 Python 语言，其软件架构类似于 Swarm。该平台提供了一些简单的模型库、类库以及遗传、回归等算法，可通过使用接口和显示智能体仿真数据进行模型开发。

自 REPAST 发布以来，其应用可以分为以下四类：

（a）理论研究

通过仿真观察系统中某一特定现象的产生过程，发现并验证 CAS 的一般规律。例如，用 REPAST 实现 CAS 理论中的著名模型"ECHO"，通过多智能体仿真研究博弈理论，如囚徒困境问题。

（b）社会系统仿真

研究智能体与其所处环境之间的相互作用，不同目标和利益的多智能体如何实现合作行为。智能体可以是个体或组织。

（c）经济系统仿真

在基于 Agent 的计算经济学（经济学的一个新兴分支）中，REPAST 已经被用来实现和仿真经济模型（如商业网络仿真和供应链仿真）。

（d）综合应用

美国阿贡国家实验室将 REPAST 扩展到支持 GIS、分布式仿真等功能，并在此基础上开发了一些大型 CAS 仿真（如美国电力市场仿真）。

REPAST 的优点在于它借鉴了 Swarm 丰富的设计经验，两者的用户界面图形是相似的。因此，REPAST 被认为是一个类似于 Swarm 的仿真工具包。有人对包括 REPAST 和 Swarm 在内的 4 种多智能体仿真工具进行了评价和比较，结果表明 REPAST 在文档、建模、仿真能力和可用性等几乎所有评分项中均排名第一，其综合得分也是最高的（Fan W H，Chen P Y，Shi D M，et al.，2021）。

⑤MASON

MASON 由 George MASON 大学开发，用 Java 语言编程，主要用于基于 Agent 的离散事件仿真。MASON 的主要特点是执行速度快、使用灵活，以及用 2D 和 3D 视觉显示的图形界面。由于 MASON 平台的软件规模有限，它只能进行较小规模模型的仿真（Fan W H，Chen P Y，Shi D M，et al.，2021）。

⑥AnyLogic

AnyLogic 由 XJ Technologies 开发，是一个离散、系统动力学、多智能体和混合系统建模与仿真的广泛应用工具平台。除了基本的仿真之外，该平台还包含了企业库。AnyLogic 支持 Java 和统一建模语言（Unified Modeling Language，UML）实时开发，以及通过微分方程建模。其专业库涵盖了物流、交通、城市规划等诸多领域。AnyLogic 是第一个使用 UML 进行仿真的软件平台,也是唯一一个支持混合状态机器语言进行仿真开发的商业软件平台。

AnyLogic 具有完整的可视化窗口,可以清晰直观地观察仿真过程。它可以将多元智能仿真与机器学习集成在一起,为多智能体强化学习搭建训练环境,并为所有合作、竞争或分层行为建模(Fan W H, Chen P Y, Shi D M, et al. ,2021)。

⑦JCass

JCass 是一个针对复杂系统的分布式仿真平台,由国防科技大学并行与分布式处理国家重点实验室开发,是一个可应用于多学科的 CASS 通用平台。

JCass 用 Java 开发,支持跨平台仿真,并为构建智能体和调试程序提供库。它支持分层仿真和分层调度,允许用户建立和测试多层模型来描述突发事件。JCass 仿真的基本单元是用通信机制相互交流的智能体(Fan W H, Chen P Y, Shi D M, et al. ,2021)。

3.多智能体系统的应用

智能交通包含了很多决策与控制问题。例如共享汽车行业的滴滴和 Uber 的派单系统都是动态决策,如何正确地把司机和乘客连接在一起,如何让车辆调动到需求量最大的地方,这些都需要实时地考虑各种因素以调整决策。交通控制拓扑结构的分布式特性使其适合应用多智能体技术,尤其对于具有剧烈变化的交通情况(如交通事故),多智能体的分布式处理和协调技术更为适合。

多智能体系统的目标是让若干具备简单智能却便于管理控制的系统能通过相互协作实现复杂智能,使得在降低系统建模复杂性的同时,提高系统的鲁棒性、可靠性、灵活性。在智能交通领域,采用智能体技术的多智能体系统有着广泛应用。

(1)智能打车 App

每个用户手上的终端、每个司机手上的终端,都可以被想象成智能体。它们可以做出决定:到底什么样的价钱我可以接受。系统层面甚至可以有一套机制合理分配资源。比如,出行高峰出租车比较少,但是需求量又比较大。而在其他的一些时候,可能出租车很多,但是需求量不大,系统怎么调配,这其实需要一个非常大的人工智能协作系统来分析。

(2)共享单车

共享单车的情况更加明显,如果给每辆自行车装上芯片或者计算机,它就成为智能体,可以根据目前的情况,优化车辆的地理位置分布。

1.2.3　停车系统仿真概述

交通有静有动,不止不行。当车辆不是用来运送乘客而是需要车位停车时,停车系统在交通系统中的地位就显得相当重要。一个完善的城市交通系统,应由动态交通系统(行车系统)和静态交通系统(停车系统)组成,两者是城市交通系统中不可分割的组成部分,前者以后者为起点,后者是前者的延续。静态—动态—静态,这种链状循环是城市交通系统的基本运行结构。

停车系统是指与交通停驻相关的人员、交通设施以及管理政策等。停车系统作为交通巨系统中的一个子系统,其外部环境受到城市结构、经济发展水平、人口分布、产业布局、能源需求、环境保护、文化教育、生活条件、传统习俗等因素的制约;另一方面,它以自身的结构形式所具有的功能,有效、迅速、方便、舒适、经济、安全和可靠地服务于社会,同时又直接或间接地影响整个社会的工作效率、经济效益、人民生活、社会治安,乃至整个社会的经济结构等。

城市停车系统是一个由人、车、停车场与环境组成的复杂系统,其构成要素包括以下内容。

(1)主体:包括停车使用者、设施供应者、停车管理者(政府);

(2)客体:包括各种城市道路交通方式的车种、各种类型的道路和停车设施;

(3)环境:包括各种停车政策法规、经济环境、社会文化环境等。

停车系统的子系统之间或与其周围环境之间,不断进行物质、能量和信息的交换和传输,且以"流"的形式(如人口流、物质流、能量流、信息流、交通流、经济流等)贯穿其间,既维系系统与环境的关系,又维系系统内部各要素的关系,形成一个动态的、成等级的、有层次的、可实行反馈的开放系统(文颖,2008)。

1.面向停车系统的 Agent 仿真建模概述

由于公共停车场有可用性以及位置等方面的内在不确定因素的影响，中心城区的大部分驾车者要驾车寻找停车泊位。不合理的路内停车收费往往会使得停放车辆在空间上不合理分配，驾车者耗费了大量的时间用来寻找停车位，停车问题加剧了城市中心区的交通拥堵以及环境质量恶化。因此，针对停车的研究成为各国学者研究的重点，各国学者分别从停车广义费用、停车阻抗等方面分析停车选择行为，这些模型虽然在分析停车选择行为方面趋于成熟，但没有直观体现出行者停车全过程的停车动态选择行为。而停车优化模型国内外研究往往从宏观上建模进行确定，其缺点是模型各个条件过于宏观，不能从微观上动态反映停车政策对停车者选择停车场的影响。

基于 Agent 的建模与仿真方法（Agent-based Modeling and Simulation，ABMS）能够将复杂系统中的个体微观行为与系统的整体属性——宏观"涌现性"有机地结合起来，已经被证明是一种有效的建模方法，是复杂系统分析研究的方法论。通过构建人工 Agent，可以方便地研究复杂系统的信息处理及个体决策行为等。

引申到交通领域，交通问题本质上是参与交通的每个个体（车辆）在路网上移动和决策的过程。一个城市的交通可以用一个 MAS 来模拟，可以将行驶在路网中的车辆看成一个个具有独立决策能力的 Agent。基于 Agent 的仿真模型可以展示交通个体（车辆）在路网的复杂时空关系和驾驶员与环境互动后的决策过程。

随着交通管理者对于交通出行结构的改善以及交通工具绿色化的重视，电动汽车充电设施的设置以及停车换乘的研究显得越来越重要。利用 Agent 仿真技术可以进一步描述公共停车场设置充电桩的场景，考虑电动汽车充电设施设置的停车系统涉及车辆 Agent、路网 Agent、充电站 Agent。通常车辆要做出是否充电的选择，需要对自身剩余电量进行感知以及对剩余续航里程进行计算，同时需要感知交通环境中相关信息进行路径规划，最终需要获取充电站剩余充电桩数量、预计排队时间等相关数据，进而更新自己的路径规划数据等。

2.停车系统的仿真结构

城市停车系统是个典型的复杂巨系统,国内外已有许多学者对其复杂性进行了大量理论研究,有的还从实证角度进行了相关分析。但传统的数学建模往往难以刻画停车的全过程,通过智能体对停车系统仿真和建模是可行的研究方向,通过对每个出行者的微观模拟,聚合成整体网络的演化形态。

(1)城市停车系统的基础仿真结构分析

作为一个仿真系统,它的结构是它保持整体性并具有一定功能的内在依据,亦是系统内部各个组成要素之间的相对稳定的联系方式、组织秩序及其时空关系的内在表现形式。系统结构反映了系统的各个要素是如何聚合为整体的,它反映了系统的有序性特征。为了有效地剖析城市停车系统各个要素之间的相对稳定的联系方式、组织秩序及其时空关系的内在表现形式和其整体的有序性特征,本节把城市停车系统分解为以下四个层次。①网络层:包括模式子网络和模式转换系统;②实体层:包括出行者、路段、停车场的 Agent 实体;③决策层:包括初始化模块、生成模块、位移模块、路径选择模块和停车场模块;④输出层:输出包括路网流量、公共交通分担率、停车巡游时间、停车场流量、平均车公里等数据。城市停车系统的仿真结构如图 1-1 所示。

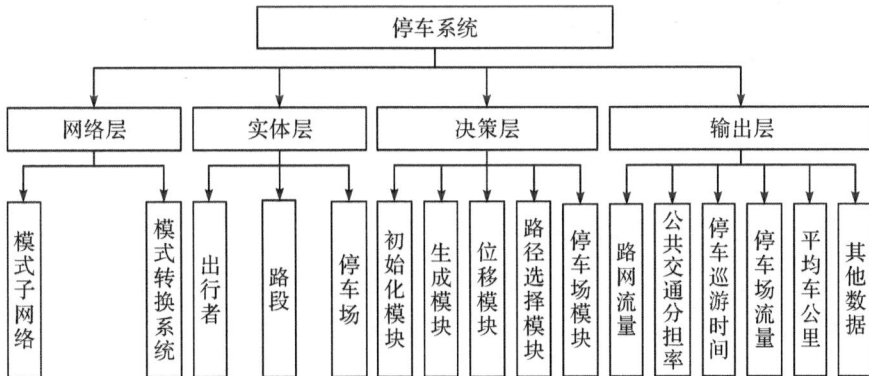

图 1-1　城市停车系统仿真结构

(2)城市设置充电设施的停车系统的仿真结构

电动汽车停车系统的本质上依旧是停车系统,故本节只介绍电动汽车停车系统特有的部分,主要分为两个方面即为电动汽车的充电选择和充电行为。充电选择:本书仅将电动汽车剩余电量以及停车时间作为充电选择的依据,车辆剩余电量以及停车时间的分布已知。充电行为:假设快速充电桩仅供充电,即车辆充满即走,或充满前离开;慢速充电车辆兼顾充电和停车两种需求,即充满后依旧可以停车。

城市设置充电设施的停车系统 Agent 仿真主要由四部分组成。①网络层:包括模式子网络和模式转换系统;②实体层:包括车辆、路网、充电站等的 Agent 实体;③决策层:包括初始化模块、车辆位置判断、剩余电量判断、充电决策四个模块;④输出层:输出包括剩余充电桩数量、预计排队时间、停车巡游时间等数据。城市设置充电设施的停车系统的仿真结构如图 1-2 所示。

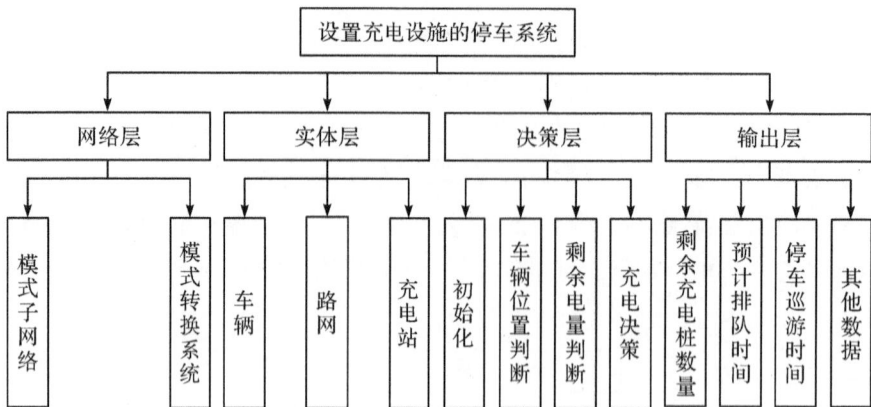

图 1-2　城市设置充电设施的停车系统仿真结构

3. 面向停车换乘的多模式交通系统的仿真结构

(1)多模式交通系统概述

按出行方式来看,多模式交通系统是一个组合网络,由步行网络、非机动车道路网络、机动车道路网络、公交线网络、轨道交通线网络及模式转换系统构成,不仅承载着各模式的交通量,同时允许出行者在不同模式间进行转换。

多模式交通系统中的每种交通模式都可以看作一个相对独立的网络。小汽车出行的承载体为机动车道路网络,公交车出行的承载体为公交线路网络,地铁出行的承载体为轨道网络,慢行交通的承载体为慢行交通网络。模式转换设施的存在使得这些网络之间建立起联系,形成一个可以转换的多模式组合网络。例如,小汽车出行者可以驾驶汽车前往"P+R"(Park and Ride,停车换乘)停车场,停车后换乘公共交通前往目的地;远距离出行时,如果出发点附近没有地铁站,人们也可以步行前往公交站乘坐公交车前往最近的地铁站,再乘坐地铁前往目的地。

在现实中,人们实际的出发点通常是不在交通网络上的。因此,出行者有出行需求时,首先需要从实际出发点步行或通过其他方式到达交通网络,通过交通网络完成出行行为。如果最终目的地不在交通网络上,还需要离开交通网络通过步行或其他方式前往目的地。因此,在实际的出行过程中,出行者的出行链不仅包含各交通子网络上的路径和连接各子网络的换乘弧,也包括前往和离开交通网络的过程。

与单模式交通系统相比,多模式交通系统主要增加了换乘行为和上、下网行为。如果出行者在出行时只使用单一交通方式,那么其路径均可以在相应的交通子网络中匹配;如果使用了多种交通方式,那么其出行路径就横跨多个交通子网络,需要依赖换乘行为将多个子网络连通起来。

(2)面向停车换乘的多模式交通系统仿真结构分析

从网络形态看,多模式交通网络主要是以地面道路网络为基础、整合轨道交通网络形成的组合网络,各网络层具有相似的形态结构和网络节点分布;从功能看,由于各子网络的属性不同,因而各网络层的具体拓扑结构存在差异。组合网络由各模式子网络组成,通过模式转换设施建立起不同网络间的连接,从而实现组合出行。所以,转换系统是组合网络不同于传统单模式网络的重要元素。

在前面对城市多模式交通系统分析基础上,对组合网络的结构框架按照网络层、实体层、决策层和输出层四部分划分。①网络层:包括模式子网络和模式转换系统,其中模式子网络又可以划分出汽车网络、公交网络、地铁网络和步行网络,模式转换系统则可以细分为"小汽车—步行"转换系统、"公交车—步行"转换系统以及"地铁—步行"转换系统;②实体层:包括出行者、路段、停车场的 Agent 实体;③决策层:包括初始化模块、生成模块、位移模块、路径选择模块和停车场模块;④输出层:输出包括路网流量、公共交通分担率、停车巡游时间、停车场流量、平均车公里等数据,如图 1-3 所示。

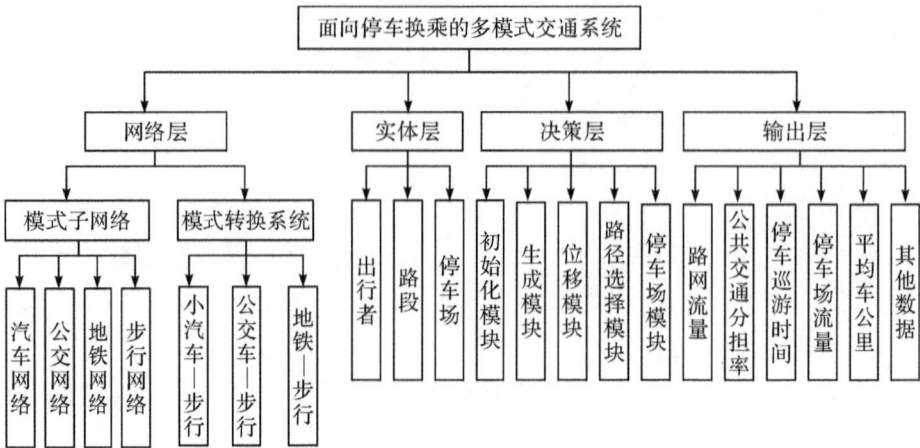

图 1-3　面向停车换乘的多模式交通系统仿真结构

从结构上来看,组合网络由模式网络和模式转换系统组成。其中,模式网络分为汽车网络、公交网络、地铁网络和步行网络;模式转换系统主要是指模式间的转换弧,由于组合网络是以步行网络作为中转层,因此有三类转换弧,分别为小汽车—步行、公交车—步行和地铁—步行。组合网络的节点包括公交站点、地铁站点、停车场及道路交叉口,行驶弧包括小汽车行驶弧、公交车行驶弧、地铁行驶弧和步行行驶弧。行驶弧表示出行者在模式 M 网络层内从一个节点 i 通过模式 M 到相邻节点 $j(i \neq j)$ 的过程;转换弧表示出行者从模式 M_i 的节点到相邻的模式 M_j 的节点的过程。

组合网络的构建不仅要包含一次出行中完整的出行链信息,还要考虑到多模式交通网络在交通流分配中的特点,给后续的超路径搜索提供支持。因此,在网络构建的过程中,需要重点解决 3 个问题:

①步行网络的拓扑定位及其与其他方式网络的拓扑关系;

②地铁、公交等有特定线路限制的方式网络的拓扑方法;

③考虑不同上下游出行模式的模式转换系统的设计方法。

1.3　仿真架构组成要素

相较于系统动力学模型等集计模型,Agent 停车系统仿真模型是对现实交通出行行为的抽象,属于非集计模型,顾及了个体在空间中的移动和个体之间的关系。Agent 模型灵活,模型中个体会根据环境做出最佳的出行决策,对政府管控措施更加敏感,而且模型可扩展性强,因此很适合用于分析交通行为和交通政策的影响。

根据功能的不同,Agent 停车系统仿真架构可以分为五层,分别为基础数据层、组合网络层、实体层、决策层和输出层,如图 1-4 所示。

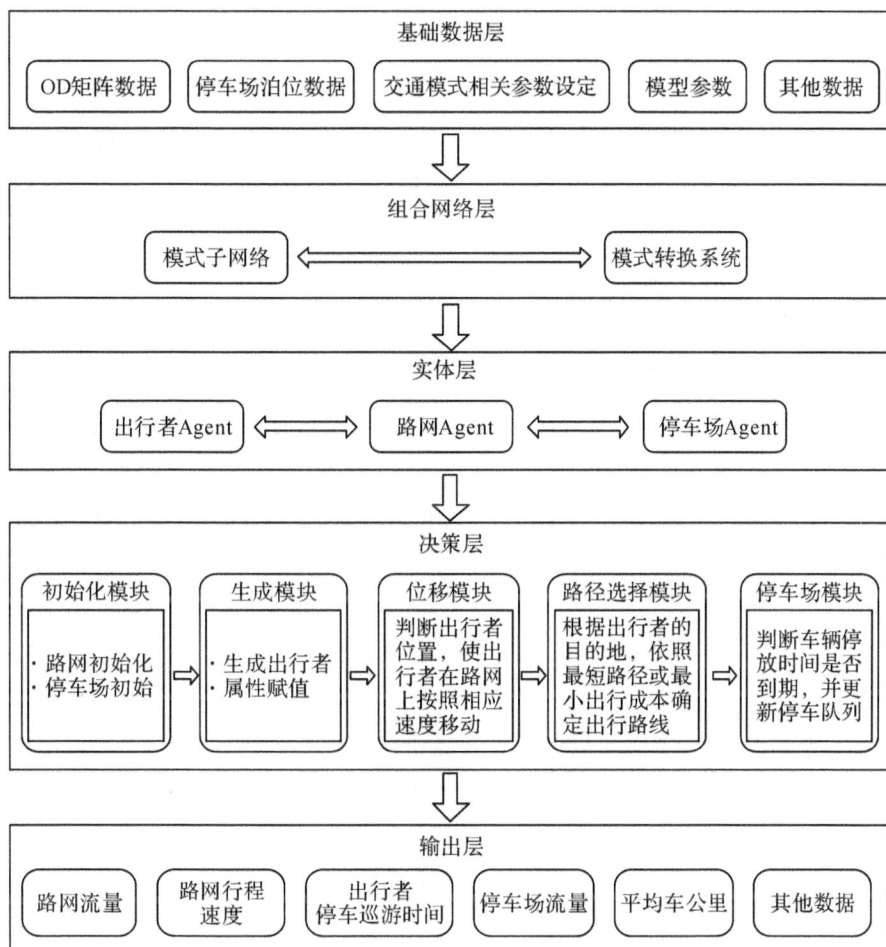

图 1-4　基于 Agent 停车系统仿真架构

1.3.1 基础数据层

基础数据层为系统正确运行所需的各项数据,包括 OD(Origin-Destination,起终点)矩阵数据、停车场泊位数据、交通模式相关参数设定、各模型参数及其他数据。基础数据对仿真结果有直接影响,因此,在仿真开始前需要依据相关参考资料设定合适的基础数据。

1.3.2 组合网络层

组合网络层负责管理路网数据,即多模式交通网络数据。多模式交通网络模型能够有效描述组合出行行为以及不同模式间的换乘行为,因此可用于多种交通问题的建模分析。如何在编程中描述多模式交通网络是一个重点和难点,其描述方式的优劣将直接决定编程和系统构建的效率高低。传统的单模式网络拓扑结构难以描述多模式交通网络中各交通子网络的特征及子网络之间的关联性,因此有必要使用新的网络拓扑模型来描述多模式交通网络。借鉴超网络理论,"组合网络"可以被用来描述多模式交通网络。

1.3.3 实体层

Agent 停车系统的实体模块主要由出行者、路网和停车场三个要素组成,因此,依据编程中"面向对象"的思想,可将停车系统中涉及的三个要素分别定义为 Traveller、Link 和 Parkinglot 三个对象,三者关系如图 1-5 所示。

Traveller 代表现实中的出行者,每个 Traveller 都具有不同的属性,因此他们在路网上面对相同场景可能会有不同的决策行为。

Link 代表多模式路网中的一条路段,它可能代表一条小汽车行驶的路段,也可能代表地铁行驶的轨道,还可能代表换乘路段。在代表不同路段时,它具有不同的属性特征。

Parkinglot 代表现实中的停车场,可能代表具有预约功能的停车场,也可能代表普通停车场,它负责管理停放的车辆,车辆停放时间到期后,Parkinglot 会将该车辆从停车队列中剔除。

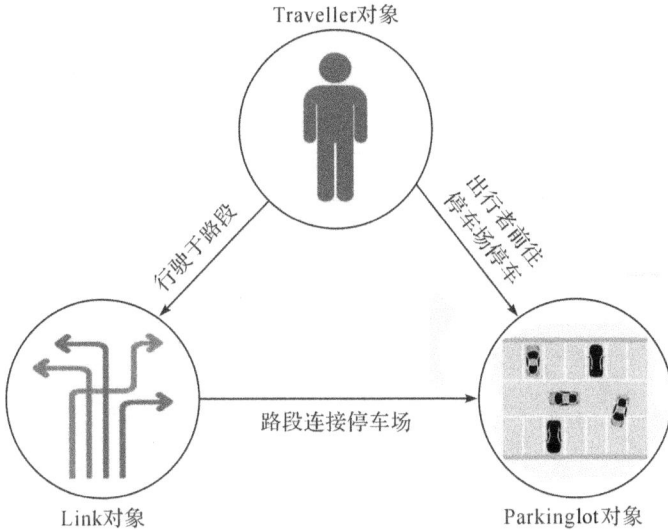

Traveller对象

行驶于路段

出行者前往
停车场停车

路段连接停车场

Link对象　　　　　　　　　　　　　　　　Parkinglot对象

图 1-5　Agent 对象之间的关系

1.3.4　决策层

决策层为停车仿真系统的核心层,该层会模拟现实情况中出行者在路网上的出行和决策行为。决策层分为 5 个模块。

1. 初始化模块

其主要功能是初始化路网,生成 Link 对象,按照其所属的方式网络层给属性赋相应的值;生成 Parkinglot 对象,并根据输入数据设置相应的属性值,如泊位总数、最大等候时间等。

2. 生成模块

其主要功能是依据给定的 OD 数据生成 Traveller 对象并设置属性值。

3. 位移模块

其主要功能是根据 Traveller 对象所在的 Link 的旅行速度来移动 Traveller,并记录出行总里程。

4. 路径选择模块

其主要功能是当 Traveller 到达网络节点时,依据其自身的属性并使用期望效用理论或累积前景理论来动态地选择出行路径。

5.停车场模块

其主要功能是判断停车场中的车辆停放时间是否到期,并将到期的车辆从停车场剔除;当停车场有空闲泊位时,将排队队列中的车辆转移到泊位上。

1.3.5　输出层

输出层重点是对个体的出行行为进行汇集统计,输出具体的参数。一般输出参数包括以下两个方面。

(1)整体参数:包括路网流量、出行者整体行车公里数(Vehicle Kilometers of Travel,VKT)等;

(2)个体参数:包括出行者停车巡游时间、停车场流量、平均行车公里数(Average Vehicle Kilometers of Travel,AVKT)等。

1.4　Agent 仿真模拟规则

Agent 仿真模拟一般基于如下假设规则。

1.4.1　出行需求

仿真区域路网和各起讫点之间的实时 OD 出行矩阵已知,暂不考虑出行方式选择。

1.4.2　信息感知

所有出行者都能获取道路交通信息如道路饱和度、行程时间和停车场智能泊位预约系统中所有泊位实时信息等信息。

1.4.3　路径规划

出行者根据路网的实时交通信息计算广义成本或累积前景值,并根据实时的道路饱和度计算阻抗进行动态路径决策,选择最小时间路径行驶。

1.4.4　特有的假设条件

1. 预约停车

所有停车场均是路外公共停车场,预约出行者是理想的,成功预约了泊位后不会临时取消预约。可预约泊位与非预约泊位之间不能相互转化。预约用户仅在无法预约到一个空闲泊位的情况下转化为非预约用户。

2. 车辆充电

(1)充电站场所:假设所有的路外公共停车场均配建一定数量的充电桩供充电使用,且均对外开放,对于私人充电桩和住宅区充电桩不在本节的充电场所考虑范围内。

(2)充电选择:将电动汽车剩余电量以及停车时间作为充电选择的依据,车辆剩余电量以及停车时间的分布已知。

(3)充电行为:假设快速充电桩仅供充电,即车辆充满即走,或充满前离开;慢速充电车辆兼顾充电和停车两种需求,即充满后依旧可以停车。

1.5　Agent 仿真实体设计

基于 Agent 的停车系统具有如下功能:

(1)对于所有出行者,其在各节点处均会根据当前交通状况,如汽车路段的行程速度,选择最优路径前往目的地。

(2)出行者到达目标停车场后,如果停车场没有空余泊位,则将进行停车巡游,寻找其他停车场。

(3)本系统可以记录出行者的实时位置,同时动态更新汽车路网上每条路段的车流量。

1.5.1　基本属性设计

Agent 停车系统的实体模块包括出行者 Agent、路网 Agent 和停车场 Agent。准确判断出行者(即 Traveller 对象)在路网中的准确位置是做出正确的出行决策和更新位置的前提条件。根据 Traveller 对象 $D_{nextNode}$ 的属性可以知道其到当前路段的下游节点的距离,若 $D_{\text{nextNode}} \neq 0$,则表示 Traveller 尚未到达路段节点;反之,$D_{\text{nextNode}} = 0$,表示 Traveller 已经到达节点,需要根据当前交通状况计算出前往目的地的最优路径,并前往下一个节点。

在每次仿真迭代过程中,系统都需要更新所有 Traveller 的实时位置,从而实现 Traveller 在组合路网中的移动。在迭代过程中,小汽车网络层中的各路段的交通流量 q^l 可以通过统计路段上的 Traveller 数量得到,再结合 BPR(Bureau of Public Road,美国道路局)函数可以计算出各路段的行程速度 v_l(单位:米/秒)和行程时间。最后,根据属性判断 Traveller 是否到达节点处,若尚未到达节点,则 Traveller 在该路段上向前移动 $\min(D_{\text{nextNode}}, \text{step} \times v_l)$ 米,其中 step(单位:秒)为仿真步长。

1.5.2　仿真关键技术设计

为了描述用户停车选择决策变化、搜寻空余泊位的过程,需要实时刻画车辆在路网中的位置,并且根据停车选择决策结果和路网交通运行状况来更新车辆 Agent 位置。因此,本仿真过程中,存在如下几点关键技术。

1. 车辆位置判定

准确判定出每个时刻车辆 Agent 在路网中所处的位置是正确决策和更新位置的基础。车辆 Agent 在路网上的位置一般有四种状态:在一般道路路段上、位于一般道路交叉口、位于目标停车场前的路段上和位于停车场前。

根据车辆 Agent 的标签属性 f_c^{topc},若车辆未到达停车场前的交叉口,则车辆位于一般道路路段上或者位于一般道路交叉口,进而根据车辆的空间属性的交叉口编号 A_c、B_c 判断所在路段,若 F_c 为 0,则到达路段交叉口,否则在一般道路路段上;若车辆已经到达停车场前的交叉口,则车辆位于目标停车场前的路段上或者位于停车场前,此时的 F_c 记录的是距离目标停车场的路程,而非距离该路段终止交叉口的距离,若 F_c 为 0,则位于停车场前,否则在目标停车场前的路段上。

2. 车辆位置更新

在仿真过程中,每次迭代都需要更新车辆 Agent 的实时位置,从而实现车辆 Agent 在预设仿真环境中的移动,从而进一步获取仿真结果。

在每次仿真中,每条路段上的交通流量 q_s 可以测出,结合 BPR 函数可以计算出各个路段的行程速度 v_s 和行程时间 t_s。如果车辆 Agent 位于路段上,则根据所在路段的行程速度向前行进一步,直到到达交叉口为止;如果车辆 Agent 位于交叉口,则根据当前路网运行状况决策出最短出行时间路径,向规划路径的下一个交叉口行进。

3. 停车排队序列更新

当车辆到达停车场时,若该停车场已无空余泊位但是排队车辆的长度 l_p 可以接受时,该车辆 Agent 进入排队序列等候。当停车场有车辆驶离的时候,需要对停车场的排队序列 queue$_p$ 更新,其中排队序列 queue$_p$ 记录着该停车场在排队等候的车辆 Agent 的编号。假设各个停车场的车辆驶离是以泊松分布驶离的。在每次迭代中,有排队情况的停车场在有车辆驶离后,计算空闲的泊位,按照排队序列的车辆编号顺序依次停车,直到停车场无空余泊位,停车完成的车辆 Agent 完成仿真过程,从仿真环境中剔除,同时将该停车场的排队序列更新。

4. 停车选择

停车选择过程是决定用户出行的重要决策阶段,停车选择考虑因素包括行程时间、步行距离、预计巡游时间、预计排队时间、停车费用等因素,其中预计巡游时间与泊位占有率呈指数关系。

根据到目的地的步行距离初选 500m 范围内的停车场,对初选停车场的选择因素进行综合衡量,利用 Logit 选择模型,选择概率最大的停车场即为此次停车选择的目标停车场。

1.5.3　Agent 个体参数初始化

1. 仿真路网参数初始化

仿真路网参数包括起始节点集合 $\boldsymbol{O}$、终止节点集合 $\boldsymbol{D}$、停车场节点集合 $\boldsymbol{P}$、交叉口节点 $\boldsymbol{C}$ 和路段集合 $\boldsymbol{S}$。初始化各类节点之间的连接属性、距离;初始化路段等级(主干路/次干路)、通行能力 C_s、自由流速度 v_s^0;预加载路网各路段初始流量 $q_s(0)$,利用 BPR 函数计算初始路网各路段的行程速度 $v_s(0)$、行程时间 $t_s(0)$,其计算如下:

$$v_s(0) = \frac{v_s^0}{1 + \alpha_s \left[\dfrac{q_s(0)}{C_s} \right]^{\beta_s}} \qquad (1-1)$$

$$t_s(0) = \frac{l_s}{v_s(0)} \qquad (1-2)$$

式中，α_s、β_s 为路段 s 的 BPR 函数参数，l_s 为路段 s 的长度。

2. 停车场参数初始化

停车场参数包括各停车场的容量 C_p、初始停车数 $x_p(0)$、停车费率 f_p、停车驶离率 d_p、最大忍受排队车辆长度 m_p、排队序列 queue_p、排队长度 l_p。

3. 仿真环境参数初始化

仿真环境参数包括仿真间隔 $\Delta t = 1\mathrm{s}$，当前迭代次数 $m = 1$，最大迭代次数 $M = 7200$，初始化仿真 OD 数据。

1.5.4　生成出行者对象

1. 出行者对象生成

根据 OD 矩阵数据随机生成出行者对象，即 Traveller 对象，设置其编号 ID^t、起点 O、终点 D、出发时刻 T_d 等属性。

2. 将出行者加入集合

将生成的出行者 Traveller 对象添加到出行者集合 S_{tra} 中，便于后续访问。

1.5.5　Agent 仿真数据更新

1. 路网状态更新

根据汽车网络层中各路段的交通量，更新路网中对应路段的行程速度 v^a 和行程时间 t^a，计算公式如下：

$$v^a = \frac{v_{\mathrm{free}}^a}{1 + \alpha \left(\dfrac{q^a}{C^a} \right)^{\beta}} \qquad (1-3)$$

$$t^a = \frac{l^a}{v^a} \qquad (1-4)$$

2.出行者出行路径更新

当到达网络中的节点(包括停车场节点和普通节点)时,出行者需要根据交通状况动态更新出行路径,确定前往的下一个节点。

(1)停车场决策

出行者到达目标停车场时根据有无空闲泊位,可以分为以下两种情况。

情况 1:到达停车场时有空闲泊位。将该出行者车辆加入停车场的停车列表 Q_b,已使用的泊位 $x^p(t+1)=x^p(t)+1$。如果这是此次出行中出行者第一次到达停车场,则设置出行者的第一次到达停车场时刻 T_{fp}。搜索从停车场步行到目的地的最优路径,更新出行者相关属性:停车时刻 T_p、停车标签 F_{park}、下一个节点 N_{next}、到下一个节点的距离 $D_{nextNode}$ 等。

情况 2:到达停车场时没有空闲泊位。出行者进入"巡游"状态,巡游寻找新的可停放停车场,更新出行者相关属性:下一个节点 N_{next}、到下一个节点的距离 $D_{nextNode}$ 等。

(2)普通节点决策

出行者在普通节点的决策可以分为以下两种情况。

情况 1:如果出行者已经到达目的地所在节点并完成停车,则出行者此次出行结束,更新出行者相关属性:到达目的地时间 T_a、出行结束标签 F_{finish} 等,并将该出行者添加到已结束出行的出行者集合 S_{fin} 中,便于后续数据统计。

情况 2:如果出行者未完成停车但到达出行途中某节点,则搜索从当前节点到终点的最优路径,并更新出行者相关属性:下一个节点 N_{next}、到下一个节点的距离 $D_{nextNode}$、刚刚访问的节点 N_{last}。

3.停车场状态更新

对于每个停车场,检查其排队停车队列 Q_q,如果存在排队情况且停车场有空闲的泊位,则将排队队列前面 n 辆车移出排队队列并加入停车队列 Q_b。n 的计算公式为:

$$n=\min(n_{ub},n_q) \tag{1-5}$$

式中,n_{ub} 为空闲的泊位数;n_q 为停车排队车辆数。

4.车辆驶离更新和排队序列更新

（1）车辆驶离

根据泊松分布驶离一定数量的车辆，更新各停车场实际停车数。

（2）排队序列更新

判断停车场是否有排队，若 $l_p > 0$，说明停车场 p 有车辆排队等候，判断该停车场是否有空余泊位，若有空余泊位 x 个，则排队序列 $queue_p$ 的前 $y[y = \min(x, l_p)]$ 辆车完成停车，从仿真环境中剔除。分别更新停车车辆的相关属性：停车标签（$f_c^{park} = 1$），排队等待标签（$f_c^{wait} = 0$），停车时刻（$t_c^{park} = m$），步行时间$\left(tk_c = \dfrac{l_{pd}}{v_{walk}} \right)$ 和停车费用（$f_c^p = f_p \cdot d_c$），其中 l_{pd} 为从停车场 p 到目的地 d 的步行距离，v_{walk} 为步行速度；并从仿真环境中剔除该车辆 Agent；更新该停车场的停车数 $[x_p^{tr}(m) + y]$。

第 2 章　面向停车预约策略的仿真优化

2.1　停车系统发展及现状背景

随着改革开放的不断推进,城镇化水平不断提高,机动车保有量日益激增,"行车难""停车难"等一系列"城市病"集中爆发,这些问题已经成为影响城市可持续发展的瓶颈。在解决"城市病"的过程中,往往是头痛医头脚痛医脚,哪里堵了哪里修路扩路,哪里停车难哪里修停车场,这种以投资建设为主导的解决方法虽然在一定程度上缓解了局部的道路(车位)的供需不平衡矛盾,却是以巨额的政府经济财政投入为代价的。

城镇化进程的不断加快以及汽车尤其是私人小汽车的迅猛发展除了带来交通的严峻拥堵,也带来了严重的停车困境,停车问题已经成为影响城市发展建设的主要问题之一。纵观近 20 年来我国停车行业的发展,我国停车主要经历了起步阶段、迅速发展阶段和转型升级阶段。

第一阶段(起步阶段,1998—2007 年):1998 年 11 月,北京金地停车建设管理有限公司在北京成立,标志着中国停车行业专业化管理的起步(北京清华同衡规划设计研究院联合中国城市公共交通协会,2016)。此后,停车运营管理公司陆续成立。同年,第一个系统性的停车库建设规范《汽车库建筑设计规范(JGJ100—98)》出台,停车行业进入缓慢发展阶段。

第二阶段(迅速发展阶段,2008—2015 年):这一阶段,城市停车问题逐渐突出,有关停车行业的政策研究、运营管理、技术设备、规划规范等迅速发展,但解决方案主要以投资建设停车场为主(程世东,2016)。其间,出台的代表性政策规范有《停车库(场)安全管理系统技术要求(GA/T761—2008)》《北京公共停车场工程建设规范(DB11T595—2008)》《杭州市鼓励社会力量投资建设停车场(库)的实施意见(杭州市建委 2009 年)》《城市公共停车场工程项目建设标准(建标 128—2010)》《机械式停车场(库)建设规范(DB11T837—2011)》《浙江省城市建筑工程停车场(库)设置规则和配建标准(2013 年)》《鼓励和推进杭州市区公共停车场产业化发展的实施办法(杭州市人民政府 2014 年)》等。2015 年,我国政府相继出台了《城市停车场建设专项债券发行指引》《关于加强城市停车设施建设的指导意见》《城市停车设施规划导则》《关于加强停车设施管理的通知》《城市停车设施建设指南》《关于进一步完善机动车停放服务收费政策的指导意见》《车库建筑设计规范(JGJ100—2015)》。停车产业的发展是稳定经济增长的重要举措之一,写入我国政府工作报告,彰显了政府对于停车产业的重视,并开始积极推动相关政策的落实。

第三阶段(转型升级阶段,2016 年至今):在这个阶段,停车行业仍处于以投资建设为主的行业新技术、大资本催生行业转型升级阶段(北京清华同衡规划设计研究院联合中国城市公共交通协会,2016),停车行业信息化与智能化发展初显。此阶段亦可称作"智慧停车起步阶段"。2015 年 3 月,在第十二届全国人民代表大会第三次会议上,李克强总理在《政府工作报告》中首次提出了"互联网＋"行动计划;2015 年 7 月,国务院印发了《关于积极推进"互联网＋"行动的指导意见》,推动互联网由消费领域向生产领域拓展。"互联网＋停车"市场逐渐引燃,共享经济、社会资本、政策利好三大驱动,各种智慧停车 App 涌现,据不完全统计目前全国停车 App 远超 100 个。但是由于处于转型发展初期,停车行业不可避免会产生资本竞争、畸形发展、服务不到位等弊端。

在现阶段,公共停车场发展面临着供需不平衡、信息不对称、价格不合理等问题,具体分析如下:

(1)"供需不平衡":停车问题产生的根本原因在于车位供给和停车需求的不平衡,该不平衡主要体现在空间不平衡与时间不平衡。空间不平衡性主要是由于规划不足造成的停车刚性困难,这点主要体现在老旧住宅小区、老城区中心区等区域,受土地、规划等诸多限制形成的供需严重不平衡;时间不平衡性主要是由人类出行活动的时间不均衡性引起的,最典型的就是住宅区停车场早晚差异性,白天办公地点停车场"一位难求",晚上住宅区附近道路两边往往都被私家车占满。

国外发达国家大城市停车供需比达到 1.3∶1,而中国大中城市基本在 0.8∶1 以下(北京清华同衡规划设计研究院联合中国城市公共交通协会,2016)。以杭州为例,截至 2018 年底,杭州市六城区(上城、下城、西湖、拱墅、江干、滨江)共有机动车保有量约 138 万辆,备案停车泊位约 87 万个,缺口 51 万个。通过大量的调查资料分析可知,一般每增加一辆车,需要增加 1.2~1.5 个停车泊位。可见杭州市的停车供需矛盾之突出,为此,杭州市从供、需两侧分别进行改善。供给方面:自 2011 年起,计划每年新增 8000 个公共停车位;需求方面:自 2014 年 3 月起实施小客车增量配额指标管理,增量指标通过摇号或竞价方式取得。

(2)"信息不对称":联网率低是目前停车行业之痛,停车系统普遍存在的信息不对称进一步加剧了停车难,带来了车位空置、效率低下、管理低效、资源浪费等一系列次生问题。目前大部分停车场都是独立运营管理,停车场实时变化数据难以实现互联互通。用户在出发前很难得知目的地附近停车场的运行情况,不能对整个出行行为(直至停车完成)有全面的信息掌握。目前部分城市在城市中央商务区(Central Business District,CBD)等区域安装停车信息引导显示板,但此时已经接近出行行为的尾声,对缓解停车难、优化停车场利用效率的作用有限。

截至 2016 年,全国有 60~100 万个停车场,但联网率只有 1%~3%(丁兆威,2017),随着近两年"互联网+停车"市场逐渐引燃,停车场联网是不可阻挡的发展趋势。2015 年云停车企业约有 500 家,但至 2017 年上半年仅存 100 家左右,其中虽然有互联网企业丛林法则的因素,但更多是企业自身仍未实现真正的"互联互通"及"云停车"所致。

(3)"价格不合理":停车价格的差异化调整能有效缓解局部停车的供需矛盾,提高车位的运行效率。但是受各种因素的影响,停车收费很难做到因"场"而异、因"时"而异,绝大部分的通用做法是对城区划定几类区域(如核心区域、一级区域、二级区域等),分白天和夜间时段制定不同的价格标准。这种粗放的价格管理虽然有利于市场价格监督,但却扼杀了基于市场供需的调节机制,同一块区域内仍然是某些停车场"一位难求",某些却是"空空如也"。

针对目前停车行业朝着"互联网+"方向发展的浪潮,结合城市公共停车场的运行实际,本章旨在研究能服务于缓解"停车难"的智慧停车解决方案。由于供需和停车价格在实际操作中很难实现调节(主要为政府主导),虽然直接增加停车供给存在难度,但是利用智能停车相关手段可以有效缓解停车供需矛盾和信息不对称的情况。在智能停车时代,停车预约系统可以极大便利用户出行,用户可以通过支付一定预约费用提前预约泊位以确保自己到达目的地时拥有一个车位,可以根据智能停车预约系统泊位情况进行收费,从价格机制的角度间接影响用户出行。有效的泊位预约策略可以起到提高泊位利用率、盘活闲置资源、优化周边道路运行等效果;不合理的泊位预约策略反而会造成车位资源浪费、供需矛盾进一步激化等问题。因此,有必要对停车预约系统的预约策略和泊位预约策略效果进行分析评价。但是泊位预约系统是一项涉及很多方面的工程,不合理的预约策略可能会加剧停车供需矛盾,因此停车预约系统的研究对停车智能化的现实应用具有重要意义。

停车预约系统,即驾驶员通过提前预约的方式在某停车场获取一个空余泊位,该泊位将一直保留直到驾驶员到达停车场停车完成,这一系统保证了驾驶员达到目标停车场时候无需排队等候。停车预约系统能够更好地匹配停车位供需,缓解城市停车难,提高泊位利用率。科学的停车预约系统对于改善交通具有极其重要的意义,本章将讲述面向停车预约策略的优化仿真实例,利用 Agent 建模仿真手段分析评估停车预约系统的效益,针对停车预约系统中两个重要变量即预约用户比例和各停车场可预约泊位比例进行分析研究。本章主要内容包括停车预约系统的潜在问题分析、停泊预约系统的仿真设计流程以及基于遗传算法的泊位预约策略优化。为了方便说明,出行时有预约车位的车辆称为预约车辆,其驾驶员称为预约用户;未预约车位直接出行的车辆称为非预约车辆,其驾驶员称为非预约用户。

2.2 停车预约系统潜在问题

停车预约系统并非简单地为停车用户搭建一个车位信息开放平台供用户预约,其中涉及停车需求端的预约用户与非预约用户的利益权衡、停车供给端的停车场管理者停车预约管理与预约泊位设置数量等问题。合理的停车预约策略可以带来诸多好处,不合理的停车预约策略反而可能造成资源浪费等问题。

如何权衡预约用户与非预约用户的利益,保证交通公平性是首先需要考虑的问题。对于预约用户,他们在预约车位后,可以直接到目标停车场无需等待就直接停车;但是对于非预约用户,由于一部分车位被用于预约,在高峰期寻找一个空余泊位会更难。我们不能要求每一位小汽车出行者都采取预约车位的停车方式,所以停车预约系统要在为预约用户提供停车便利的同时,也要保障非预约用户的权益。

对于停车场管理方而言,车位数量设置、停车预约管理、预约费用等都是需要进一步考虑的问题。

2.2.1　车位数量设置

如何确定停车场内合理的可预约泊位数量,使其既能满足预约的需求,又不损害非预约用户的权益? 此外,交通路况的不确定性会导致部分预约用户无法准时到达停车场,同时个体活动时间的不确定性也会导致部分预约用户不能按约定时间驶离停车场。停车场需要设置适当数量的备用泊位应对这些情况。

2.2.2　停车预约管理

预约用户在预约成功后,停车场是将车位保留至用户到达,或是在用户到达之前,车位还能供他人使用;以及如何处理预约用户如果不能按时出行和到达,该预约车位在预约期间的空置问题。如果对停车预约缺少必要的管理策略,将会造成停车资源的浪费。

2.2.3　预约费用

预约系统的开发成本以及为预约用户提供的便利需要对预约用户收取额外的预约费用,但是额外的停车收费会对停车需求产生较大的影响,增收预约费用可能会影响停车预约的需求量,不利于停车预约系统的推广,因此对预约的费用应谨慎决定。Tsai and Chu(2012)提出的一种思想:预约费用与实际停车费用相分离,预约费用收取可以减少用户巡游时间对应的时间价值。

为此,实施泊位预约应因地制宜,仔细权衡。如何科学地设置停车预约系统待解决的问题很多,本章将构建 Agent 仿真来模拟停车预约系统流程,同时选取预约泊位设置数量问题作为实例进行分析与研究,可为解决其余问题提供参考。

2.3 停车泊位预约系统 Agent 仿真设计

2.3.1 基本假设

停车泊位预约系统 Agent 建模仿真基于如下假设:

(1)仿真区域路网和出行需求 OD 固定,即暂不考虑出行方式选择;

(2)所有停车场均是路外公共停车场;

(3)所有用户均能获取良好的道路交通信息,用户均会根据最小时间路径行驶;

(4)智能泊位预约系统中所有泊位实时信息均可获得;

(5)预约用户均是理想的,即预约了泊位不会临时取消预约;

(6)预约泊位和非预约泊位之间不可以互相转换;

(7)预约用户仅在无法预约到一个空闲泊位的情况下转化为非预约用户。

2.3.2 基本属性设计

智能停车泊位预约系统仿真主要包括车辆、路网、停车场三要素,分别建立车辆 Agent、路段 Agent 和停车场 Agent。

车辆 Agent 用来描述驾驶员在路网中运行的情况、在各个决策点的决策行为及搜索停车场的过程与结果。在路段的交叉口处,车辆 Agent 需要根据目标地停车场预计到达时刻的泊位占有率等因素决定需不需要更换目标停车场,根据确定的目标停车场和当前路网的交通运行状况决定行驶路径。

路段 Agent 用来描述路网各个路段在各个时刻的流量、行程速度和行程时间等,对车辆 Agent 的路径决策有重要作用。

　　停车场 Agent 用来描述各个停车场在各个时刻的实际停车情况,以此能够预测出未来一段时间内的泊位占有率,为车辆 Agent 的停车选择决策提供重要依据。

　　为此,根据仿真目标为车辆 Agent、路段 Agent 和停车场 Agent 分别设计相应属性,具体分别如表 2-1、表 2-2 和表 2-3 所示。

表 2-1　车辆 Agent 基本属性设计

属性类别	符号	含义
基本属性	ID_c	进入路网的车辆编号
	O_c	车辆的起点
	D_c	车辆的终点
	P_c	车辆的目标停车场
	d_c	车辆的预计停车时长
	PC_c	车辆的目标停车场相邻交叉口
空间位置属性	A_c	车辆已过交叉口
	B_c	车辆的下一个交叉口
	C_c	车辆的下下个交叉口
	F_c	车辆在路段的位置(距离下一个节点的距离)
标签属性	f_c^{topc}	车辆没有到达停车场前的交叉口为 0,反之为 1
	f_c^{park}	车辆得到车位 1,反之为 0
	f_c^{wait}	车辆在排队等待中为 1,反之为 0
	f_c^r	车辆是预约车辆为 1,反之为 0
时间点属性	t_c^{birth}	车辆生成时刻
	$t_c^{arrive1}$	初次到达某个停车场时刻
	$t_c^{arrive2}$	最后到达某个停车场时刻
	t_c^{park}	获取泊位的时刻
时间统计属性	tt_c	行驶时间
	tw_c	等待时间
	ts_c	搜寻时间
	tk_c	步行时间
	t_c	总时间
费用统计属性	f_c^r	预约泊位费用
	f_c^p	实际停车时长收取费用
	f_c	总停车费用
其他统计属性	K_c	车辆行驶的总里程
	$pass_c$	车辆排除的停车场编号

表 2-2　路段 Agent 基本属性设计

属性类别	符号	含义
基本属性	ID_s	路段编号
	O_s	路段起始节点编号
	D_s	路段终止节点编号
	L_s	路段长度
交通流属性	C_s	路段通行能力
	q_s	路段实际交通量
	v_s	路段的旅行速度
	t_s	路段的旅行时间

表 2-3　停车场 Agent 基本属性设计

属性类别	符号	含义
基本属性	ID_p	停车场编号
	f_p	停车收费
泊位属性	C_p	停车场的总容量
	x_p	停车场的实际停车数
	o_p	停车场的泊位占有率
	C_p^r	停车场中可预约的泊位
	x_p^r	停车场中可预约泊位实际停车数
	o_p^r	停车场中可预约部分的泊位占有率
	C_p^{ur}	停车场中非预约的泊位
	x_p^{ur}	停车场中非预约泊位实际停车数
	o_p^{ur}	停车场中非预约部分的泊位占有率
排队属性	l_p	停车场的实际排队长度
	m_p	停车场的最大忍受排队长度
	$queue_p$	停车场的排队序列
停车选择属性	t_p^{search}	停车场的预计巡游时间
	t_p^{wait}	停车场的预计排队等待时间
其他属性	d_p	停车场驶离率

2.3.3　仿真关键技术

为了描述预约用户预约车位的情况和非预约用户停车选择决策变化、搜寻空余泊位的过程,需要实时刻画车辆在路网中的位置,并且根据停车选择决策结果和路网交通运行状况更新车辆 Agent 位置。因此,本仿真过程中,存在如下几点关键技术。

1.车辆位置判定

准确判定出每个时刻车辆 Agent 在路网中所处的位置是正确决策和更新位置的基础。车辆 Agent 在路网上的位置一般有四种状态：在一般道路路段上、位于一般道路交叉口、位于目标停车场前的路段上和位于停车场前。

根据车辆 Agent 的标签属性 f_c^{topc}，若车辆未到达停车场前的交叉口，则车辆位于一般道路路段上或者位于一般道路交叉口，进而根据车辆的空间属性的交叉口编号 A_c、B_c 判断所在路段，若 F_c 为 0，则到达路段交叉口，否则在一般道路路段上；若车辆已经到达停车场前的交叉口，则车辆位于目标停车场前的路段上或者位于停车场前，此时 F_c 记录的是距离目标停车场的路程，而非距离该路段终止交叉口的距离，若 F_c 为 0，则位于停车场前，否则在目标停车场前的路段上。

2.车辆位置更新

在仿真过程中，每次迭代都需要更新车辆 Agent 的实时位置，从而实现车辆 Agent 在预设仿真环境中的移动，从而进一步获取仿真结果。

在每次仿真中，每条路段上的交通流量 q_s 可以测出，结合 BPR 函数可以计算出各个路段的行程速度 v_s 和行程时间 t_s。如果车辆 Agent 位于路段上，则根据所在路段的行程速度向前行进一步，直到到达交叉口为止；如果车辆 Agent 位于交叉口，则根据当前路网运行状况决策出最短出行时间路径，向规划路径的下一个交叉口行进。

3.停车排队序列更新

非预约车辆到达停车场时，若到达停车场已无空余泊位但是排队车辆的长度 l_p 可以接受时，该车辆 Agent 进入排队序列等候。当停车场有车辆驶离的时候，需要对停车场的排队序列 queue$_p$ 更新，其中排队序列 queue$_p$ 记录着该停车场在排队等候的车辆 Agent 的编号。假设各个停车场的车辆驶离是以泊松分布驶离的。每次迭代中，有排队情况的停车场在有车辆驶离后，计算空闲的泊位，按照排队序列的车辆编号顺序依次停车，直到停车场无空余泊位，停车完成的车辆 Agent 完成仿真过程，从仿真环境中剔除，同时将该停车场的排队序列更新。

4.停车选择

停车选择过程是决定用户出行的重要决策阶段。用户被分为两类：预约

用户和非预约用户。针对两类不同的用户,其停车选择考虑因素分别如下:

对于非预约用户:考虑行程时间、步行距离、预计巡游时间、预计排队时间、停车费用等因素,其中预计巡游时间与泊位占有率呈指数关系(Bernardino J and van der Hoofd M,2013)。

对于预约用户:考虑行程时间、步行距离、预约费用、停车费用等因素,其中预约费用与停车费用相分离,预约费用是为用户保留一个空余泊位而收取的费用,与用户预计到达预定停车场的巡游时间成正比。

根据目的地的步行距离初选500m范围内的停车场,对初选停车场的选择因素综合衡量,利用 Logit 选择模型(Feeney and Bernard P,1989),选择概率最大的停车场即为此次停车选择的目标停车场。

2.3.4 用户决策过程

停车预约系统中的出行用户分别为预约用户和非预约用户,两类用户的决策流程图分别如图 2-1 和图 2-2 所示。

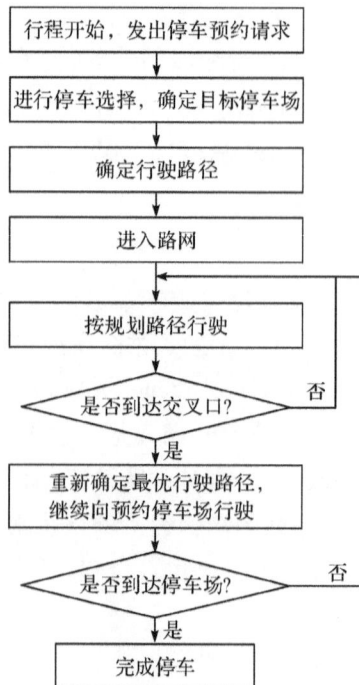

图 2-1 预约用户的出行决策流程

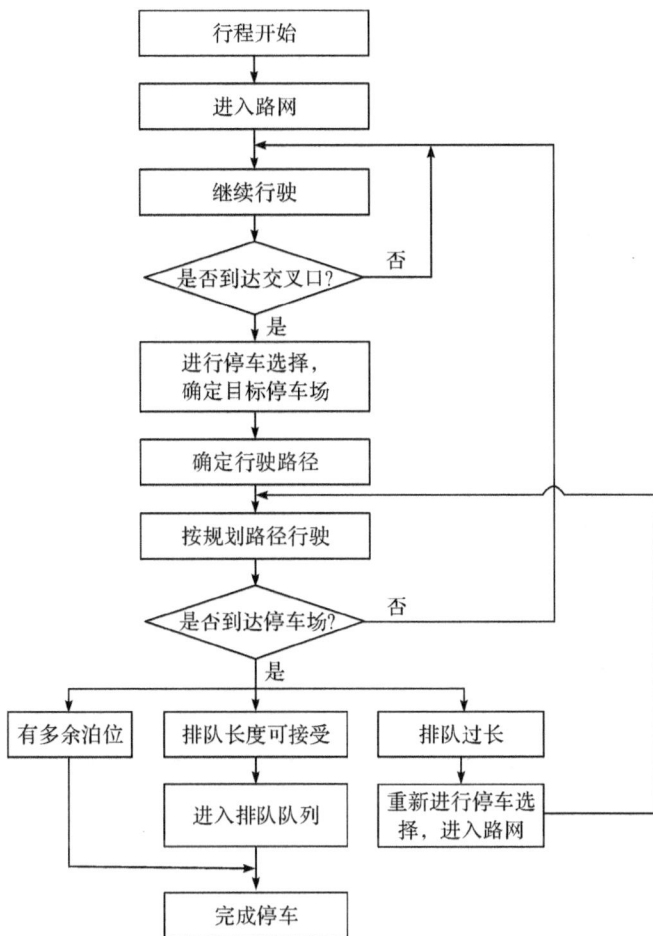

图 2-2　非预约用户的出行决策流程

此处特别说明的是,仿真的主要目的是模拟车辆在路网上行驶和搜寻停车场的决策过程,因此将停车场到目的地段的步行过程看作静态过程,车辆Agent 在停车场停车完成后即视作该车辆 Agent 仿真结束,将其从仿真环境中剔除,但在计算车辆 Agent 出行总时间的时候将步行时间纳入计算中。

对于预约用户,用户出行前发出出行停车预约请求,系统根据用户的出行目的地筛选目的地附近的停车场,综合考虑行程时间、步行距离、预约费用、停车费用等因素选择预约停车场并预定一个泊位,除非无法预约到空余停车泊位,预约用户放弃预约,转为非预约用户出行。在行程途中,用户会根据道路实际运行情况按照最短时间路径行驶,在每个交叉口,用户会进行一次路径优化选择。当用户到达停车场停车后,该用户出行完成。

对于非预约用户,用户向着目的地出发,到路网中的交叉口时,系统会根据行程时间、步行距离、预估巡游时间、预估等待时间、停车费用等因素为用户推荐最优停车场,根据路网实时运行情况,为用户选择最优停车场。用户到达停车场后,如果停车场有空余泊位,则用户停车完成;若无空余泊位,且排队等候的车辆长度在用户接受范围内,则用户进入该停车场的排队等候序列,等待空余泊位;若排队长度超出了用户的接受范围,则用户重新进入路网,选择其他目标停车场,且暂时将该停车场从可选停车场中剔除出去,经过一定时间的巡游,最终找到泊位,完成停车。

2.3.5 仿真流程

基于 Agent 仿真模型的智能停车泊位预约系统的基本流程如图 2-3 所示。

1. 初始化参数

(1)仿真路网参数初始化

仿真路网参数包括起始节点集合 O、终止节点集合 D、停车场节点集合 P、交叉口节点 C 和路段集合 S。初始化各类节点之间的连接属性、距离;初始化路段等级(主干路/次干路)、通行能力 C_s、自由流速度 v_s^0;预加载路网各路段初始流量 $q_s(0)$,利用 BPR 函数计算初始路网各路段的行程速度 $v_s(0)$、行程时间 $t_s(0)$:

$$v_s(0) = \frac{v_s^0}{1 + \alpha_s \left[\dfrac{q_s(0)}{C_s}\right]^{\beta_s}} \tag{2-1}$$

$$t_s(0) = \frac{l_s}{v_s(0)} \tag{2-2}$$

式中,α_s、β_s 为路段 s 的 BPR 函数参数,l_s 为路段 s 的长度。

(2)停车场参数初始化

停车场参数包括各停车场的容量 C_p、可预约泊位的比例 η_p、初始停车数 $x_p(0)$、停车费率 f_p、停车驶离率 d_p、最大忍受排队车辆长度 m_p、排队序列 $queue_p$、排队长度 l_p。则预约部分的可用泊位数 $C_p^r = [C_p \cdot \eta_p]$,其中 [ ] 为取整符号,非预约部分的可用泊位数 $C_p^{ur} = C_p - C_p^r$。假设初始时刻预

约部分和非预约部分的实际停车泊位占有率是相等的,即

$$o_p^r(0) = o_p^{ur}(0) = o_p(0) = \frac{x_p(0)}{C_p} \qquad (2\text{-}3)$$

式中,$o_p^r(0)$为预约部分车位的泊位占有率,$o_p^{ur}(0)$为非预约部分车位的泊位占有率。

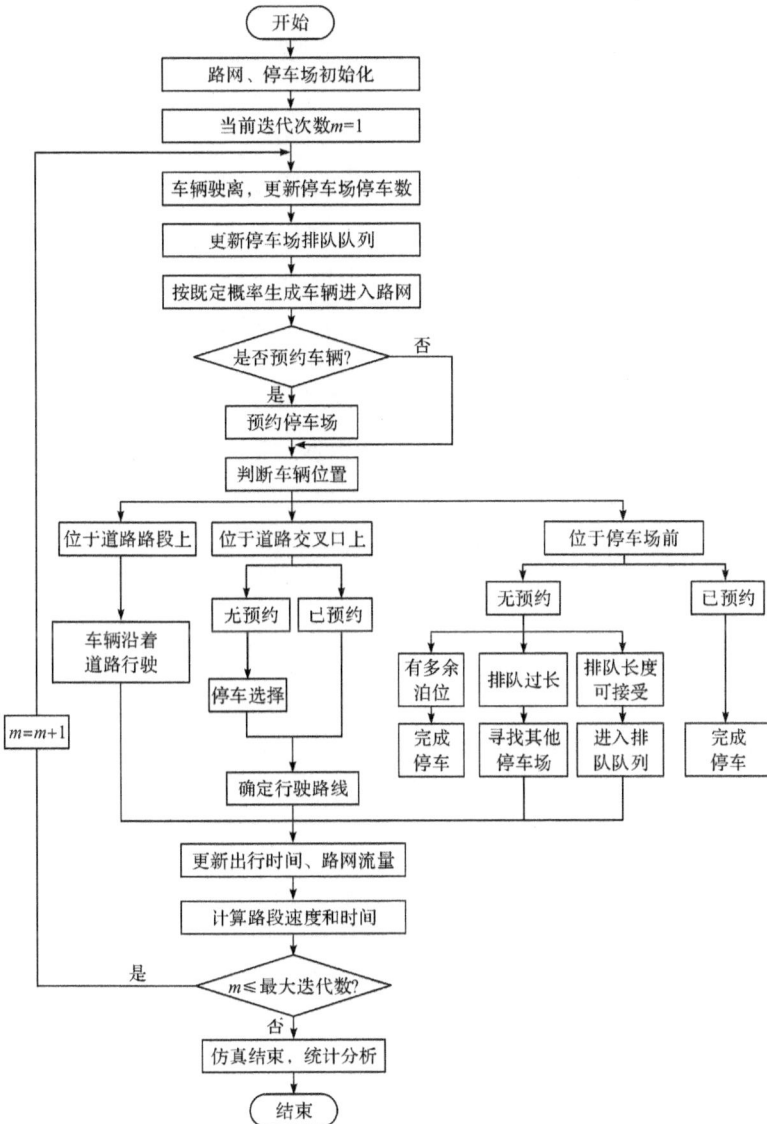

图 2-3 Agent 仿真流程

（3）仿真环境参数初始化

仿真环境参数包括仿真间隔 $\Delta t = 1\mathrm{s}$、当前迭代次数 $m = 1$，最大迭代次数 $M = 7200$，初始化仿真 OD 和预约用户的比例 η_c。

2. 车辆驶离更新，排队序列更新

（1）车辆驶离

根据泊松分布驶离一定数量的车辆，更新各停车场预约部分和非预约部分的实际停车数。

（2）排队序列更新

判断停车场是否有排队，若 $l_p > 0$，说明停车场 p 有车辆排队等候，判断该停车场是否有空余泊位，若有空余泊位 x 个，则排队序 queue_p 的前 $y[y = \min(x, l_p)]$ 辆车完成停车，从仿真环境中剔除。分别更新停车车辆的相关属性：停车标签（$f_c^{\mathrm{park}} = 1$）、排队等待标签（$f_c^{\mathrm{wait}} = 0$）、停车时刻（$t_c^{\mathrm{park}} = m$）、步行时间 $\left(\mathrm{tk}_c = \dfrac{l_{pd}}{v_{\mathrm{walk}}}\right)$ 和停车费用（$f_c^p = f_p \cdot d_c$），其中 l_{pd} 为从停车场 p 到目的地 d 的步行距离，v_{walk} 为步行速度。并从仿真环境中剔除该车辆 Agent。更新该停车场的非预约部分停车数 $[x_p^w(m) + y]$。

3. 生成车辆 Agent，预约用户进行预约

（1）车辆生成及初始化

根据仿真 OD 随机生成车辆 Agent 进入路网，ID_c 为该车辆编号，O_c 为车辆起点，D_c 为车辆终点，q_c 为停车时长，t_c^{birth} 为车辆的生成时刻，由起点与路网交叉口的邻接关系确定车辆即将经过的交叉口 B_c。根据表 2-1 所示的车辆属性初始化其他相关属性。

（2）预约属性确定

根据用户预约比例随机确定生成的车辆 Agent 是否进行预约，若为预约用户，则在出发前进行停车选择，修改预约标签 f_c^r 为 1。用户先筛选与目的地 D_c 步行距离在 500m 范围内的且有可预约泊位的停车场集合，若目的地附近没有空闲泊位可预约给车辆 c，则该用户转化为非预约用户，预约标签 f_c^r 修改为 0。

（3）预约停车场确定

预约用户的停车选择成本的因素包括行程时间、步行距离、预约费用、

停车费用等,停车场选择负效用的计算可表示为:

$$U_{bpc}^r(m) = a_1 \cdot t_{bp}(m) + a_2 \cdot d_{pd} + a_5 \cdot f_p^r(m+t_{bp})$$
$$+ a_6 \cdot f_p + a_7 \cdot \zeta \tag{2-4}$$

式中,$U_{bpc}^r(m)$ 表示预约车辆 c 从当前交叉口 b 到停车场 p 在第 m 次迭代中的停车选择效用,$t_{bp}(m)$ 为第 m 次迭代中从当前交叉口 b 到停车场 p 的最短行驶时间[由 Dijkstra 算法(乐阳,龚健雅,1999)求解得出],d_{pd} 为从停车场 p 到目的地 d 的步行距离,$f_p^r(m+t_{bp})$ 为预计到达停车场 p 时刻即 $m+t_{bp}$ 时刻的预约费率,ζ 为随机项,a_1、a_2、a_5、a_6、a_7 分别为各因素的重要系数,且 a_1、a_2、a_5、a_6、a_7 均小于 0。

预约费用 $f_p^r(m+t_{bp})$ 与预估巡游时间 $t_p^{\text{search}}(m+t_{bp})$ 相关(Tsai M T and Chu C P,2012),预估巡游时间的计算如下:

$$t_p^{\text{search}}(m+t_{bp}) = t_p^0 \cdot \left\{ 1 + \alpha_p \left[\frac{x_p(m+t_{bp})}{C_p^{ur}} \right]^{\beta_p} \right\} \tag{2-5}$$

式中,t_p^0 为自由流状态下的巡游时间,$x_p(m+t_{bp})$ 为根据历史数据预测的预计到达停车场 p 时刻即 $m+t_{bp}$ 时刻的停车数,α_p、β_p 分别为巡游时间模型系数。

那么,预约费用为:$f_p^r(m+t_{bp}) = k_p \cdot t_p^{\text{search}}(m+t_{bp})$,$k_p$ 为费用系数。

根据 Logit 选择模型,用户选择负效用最大的停车场作为目标停车场,更新用户的预约费用:$f_c^r = f_p^r(m+t_{bp})$。

4.判断车辆位置,进行决策

(1)车辆位置判断

对于路网上的每辆车,其在路网上的位置一般有四种状态:在一般道路路段上、位于一般道路交叉口、位于目标停车场前的路段上和位于停车场前。

判断车辆是否到达停车场前的最后一个交叉口标签 f_c^{topc},若标签 f_c^{topc} 为 1,则车辆位于目标停车场前的路段上或者位于停车场前,此时距离下一节点的路程 F_c 记录的是距离目标停车场的路程,若 $F_c>0$,则车辆在目标停车场前的路段上,否则车辆位于目标停车场前;标签 f_c^{topc} 为 0,则车辆位于一般路段上或者位于一般道路交叉口,若距下一节点的路程 $F_c>0$,则车辆位于一般路段上,否则车辆位于一般道路交叉口。

特殊地,当所在交叉口即为目标停车场前的最后一个交叉口,则修改标

签 f_c^{topc} 为 1。

（2）停车场前的决策

对于预约用户，当用户到达预约停车场，由于提前预订了一个泊位，用户可以无需等待直接停车，更新该车辆的相关属性：停车标签（$f_c^{\text{park}}=1$），排队等待标签（$f_c^{\text{wait}}=0$），停车时刻 t_c^{park}、第一次到达某停车场时刻 t_c^{arrive1} 和最后一次到达某停车场时刻 t_c^{arrive2} 均为 m，步行时间 $\left(\text{tk}_c=\dfrac{l_{pd}}{v_{\text{walk}}}\right)$ 和停车费用（$f_c^p=f_p \cdot d_c$）。同时更新该停车场的预约部分停车数 $\left[x_p^r(m)+1\right]$，并从仿真环境中剔除该车辆 Agent。

对于非预约用户，当用户到达目标停车场，用户的决策主要分为三种情况。

第一种情况：该目标停车场有空闲泊位，则用户停车，更新该车辆的相关属性：停车标签 $f_c^{\text{park}}=1$，排队等待标签（$f_c^{\text{wait}}=0$），停车时刻（$t_c^{\text{park}}=m$），最后一次到达某停车场时刻（$t_c^{\text{arrive2}}=m$），步行时间 $\left(\text{tk}_c=\dfrac{l_{pd}}{v_{\text{walk}}}\right)$ 和停车费用（$f_c^p=f_p \cdot d_c$）。若该车辆是第一次到达某个停车场，则同时更新第一次到达某停车场时刻 $t_c^{\text{arrive1}}=m$，更新该停车场的非预约部分停车数 $\left[x_p^{ur}(m)+1\right]$，并从仿真环境中剔除该车辆 Agent。

第二种情况：该目标停车场无空闲泊位，且该停车场的排队长度大于最大忍受排队长度，即 $l_p>m_p$ 时，用户放弃该停车场排队，重新进入路网，转而寻找其他目标停车场。更新该车辆的相关属性：包括到达最后一个交叉口标签 $f_c^{\text{topc}}=0$，排队等待标签 $f_c^{\text{wait}}=0$，根据该停车场所在位置确定所在路段 s，更新刚经过的交叉口编号 A_c、即将经过的交叉口编号 B_c 和距下一交叉口的距离 F_c，同时将该停车场列入经过的停车场序列 pass_c。若该车辆是第一次到达某个停车场，则同时更新第一次到达某停车场时刻（$t_c^{\text{arrive1}}=m$）。

第三种情况：该目标停车场无空闲泊位，但该停车场的排队长度在最大忍受排队长度范围内，即 $l_p \leqslant m_p$ 时，车辆进入该停车场的排队序列 queue_p，更新该停车场的排队长度 l_p，并更新该车辆属性：排队等待标签 $f_c^{\text{wait}}=1$ 和最后一次到达某停车场时刻（$t_c^{\text{arrive2}}=m$）。若该车辆是第一次到达某个停车场，则同时更新第一次到达某停车场时刻（$t_c^{\text{arrive1}}=m$）。

（3）交叉口处的决策

对于预约用户，当用户到达路网中的交叉口，用户会根据当前路网的交通状况计算最短时间行驶路径,更新刚经过的交叉口编号A_c、即将经过的交叉口编号B_c、即将经过的下下个交叉口编号C_c和距下一交叉口的距离F_c。特殊地,若当前交叉口为目标停车场前的最后一个交叉口,不进行路径决策,更新标签($f_c^{\text{topc}}=1$)。

对于非预约用户,当用户到达路网中的交叉口,用户会进行停车选择,然后规划最短时间行驶路径。

用户先筛选距目的地D_c步行距离在 500m 范围内的且不在到过的停车场序列pass_c的停车场。停车选择模型考虑行程时间、步行距离、预计巡游时间、预计排队时间、停车费用等因素,停车场选择负效用的计算表示如下:

$$U_{bpc}^{ur}(m) = a_1 \cdot t_{bp}(m) + a_2 \cdot d_{pd} + a_3 \cdot t_p^{\text{search}}(m + t_{bp})$$
$$+ a_4 \cdot t_p^{\text{wait}}(m) + a_6 \cdot f_p + a_7 \cdot \zeta \qquad (2\text{-}6)$$

式中,$U_{bpc}^{ur}(m)$表示非预约车辆c从当前交叉口b到停车场p在第m次迭代中的停车选择效用;$t_p^{\text{wait}}(m)$为在第m次迭代中停车场p的预计排队时间;a_3、a_4分别为预计搜索时间和预计排队时间的重要系数,且均小于 0。

预计排队时间$t_p^{\text{wait}}(m)$可以按照排队论的思想计算得到(梅振宇,2006):

$$t_p^{\text{wait}}(m) = \frac{(a_p - C_p)^2 \, \bar{t}_p}{2 C_p a_p} \qquad (2\text{-}7)$$

式中,a_p为停车场p的最大累计停车数,$\bar{t}_p$为停车场p的车辆平均停放时间。

根据 Logit 选择模型,非预约用户选择负效用最大的停车场作为目标停车场。

确定目标停车场后,非预约用户与预约用户在交叉口的决策一样,根据当前路网的交通状况计算最短时间行驶路径,更新相关车辆属性。

5. 车辆位置更新

根据上一步判断的车辆所在位置进行位置更新。

若车辆位于一般道路路段上或停车场前的最后一小段路段上,则根据路网交通状况沿着该路段行驶一定距离,更新车辆c距下一交叉口(或节点)的距离F_c:

$$F_c(m) = \max\{[F_c(m-1) - v_s(m-1)], 0\} \qquad (2\text{-}8)$$

同时,更新车辆c的实际行驶里程

$$K_c = \min\{v_s(m-1), F_c(m-1)\}$$

6. 路网状态更新

根据车辆属性当前所在位置 A_c 和 B_c 判断每辆车所在的路段,更新当前第 m 次迭代中所有路段的交通量 $q_s(m)$,更新路网状态包括各路段行程速度 $v_s(m)$ 和行程时间 $t_s(m)$ 如下:

$$v_s(m) = \frac{v_s^0}{1 + \alpha_s \left[\dfrac{q_s(0)}{C_s} \right]^{\beta_s}} \tag{2-9}$$

$$t_s(m) = \frac{l_s}{v_s(m)} \tag{2-10}$$

7. 记录路网和停车场状态,判断终止条件

(1)仿真状态保存

保存每次迭代的路网各路段交通量、各停车场预约部分和非预约部分的实际停车数。

(2)判断终止条件

若当前迭代次数不超过最大迭代次数,即 $m \leqslant M$,则返回步骤 2。

若达到终止条件,批量更新所有车辆的相关时间属性。行程时间为从车辆生成时刻到第一次到达一个停车场的时间,即

$$\mathrm{tt}_c = t_c^{\mathrm{arrive1}} - t_c^{\mathrm{birth}} \tag{2-11}$$

搜索时间为从到达第一个停车场的时刻至到达最后一个停车场的时间,即

$$\mathrm{ts}_c = t_c^{\mathrm{arrive2}} - t_c^{\mathrm{arrive1}} \tag{2-12}$$

等待时间为从到达最后一个停车场的时刻至停车完成的时间,即

$$\mathrm{tw}_c = t_c^{\mathrm{park}} - t_c^{\mathrm{arrive2}} \tag{2-13}$$

车辆 c 的总出行时间 t_c 为行程时间、搜索时间、等待时间和步行时间之和,即

$$t_c = \mathrm{tt}_c + \mathrm{ts}_c + \mathrm{tw}_c + \mathrm{tk}_c \tag{2-14}$$

车辆 c 的总出行费用 f_c 为预约费用和停车费用之和,即

$$f_c = f_c^r + f_c^p \tag{2-15}$$

式中,非预约用户的预约费用为 0。

2.3.6　仿真实例

本章主要研究智能停车预约系统中预约用户比例和可预约泊位比例设置的影响,本节以杭州典型 CBD 武林商圈为仿真对象,分析评价预约用户比例和可预约泊位设置比例所带来的影响。

1.仿真路网设定

武林商圈是杭州市中心城区的核心区,是以商业、办公、文化娱乐及高端居住功能为主的杭州现代商业购物中心,是文化和信息中心及公共交通枢纽集散中心(见图 2-4),抽象的仿真路网拓扑如图 2-5 所示。

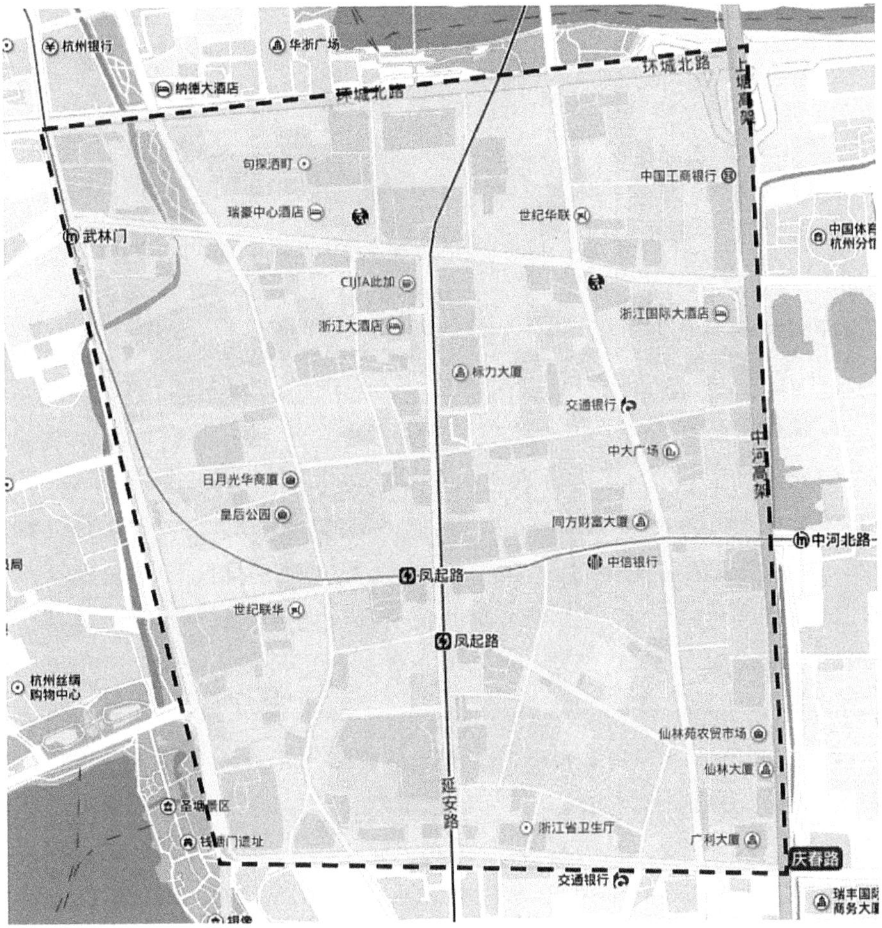

图 2-4　武林商圈位置示意

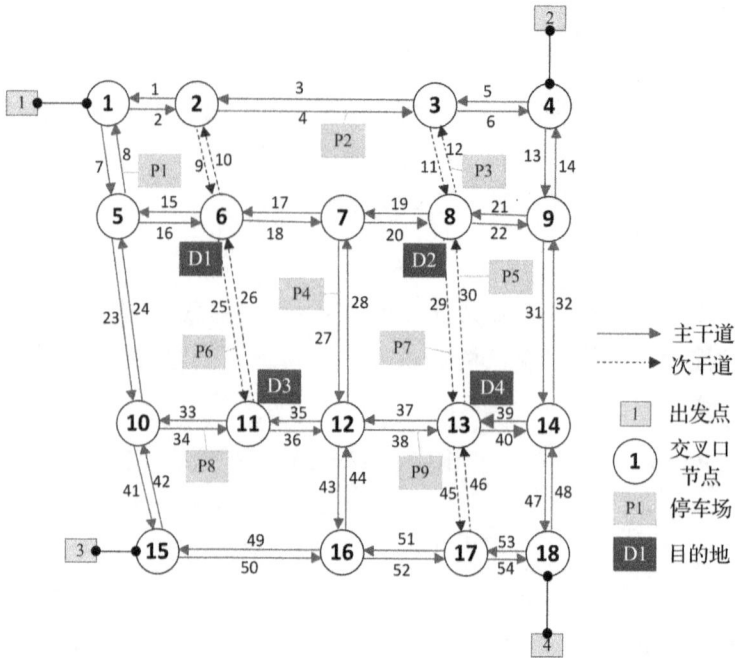

图 2-5　抽象简化的武林商圈仿真路网

仿真路网包含 4 个出发点、4 个目的地、18 个交叉口、9 个路外停车场、54 条路段。

2.仿真参数设定

设置仿真步长 $\Delta t=1$s,仿真时长为 2h,即 7200s。总 OD 量为 2600,泊位容量分别为 180,300,160,310,190,210,230,240 和 280 个,总泊位数为 2100 个,车辆驶离率期望为 60 辆/h,停车场最大忍受排队长度为该停车场非预约泊位容量的 1/10。由于本章的仿真环境为需求大于供给的情况,因此设置冷却时间为 200s,即前 7000s 有车辆按既定概率生成,后 200s 无车辆生成,供车辆巡游泊位。

路阻 BPR 函数的参数 α_s、β_s 根据《杭州道路网络建管决策的支持系统》(杭州市综合交通研究中心,2017)课题研究成果标定,对于主干路,$\alpha_主=1$,$\beta_主=5$;对于次干路,$\alpha_次=0.8$,$\beta_次=4$。

停车巡游(搜索)时间模型参数 α_p、β_p 在 Lam(Lam W, Li Z C, Huang H J, et al.,2006)的基础上结合实际修正标定,$\alpha_p=2$,$\beta_p=4.03$。该参数组合

下,平均巡游时间与泊位占有率的关系如图 2-6 所示,在泊位全满情况下的
搜索时间为泊位全空情况下的 3 倍。

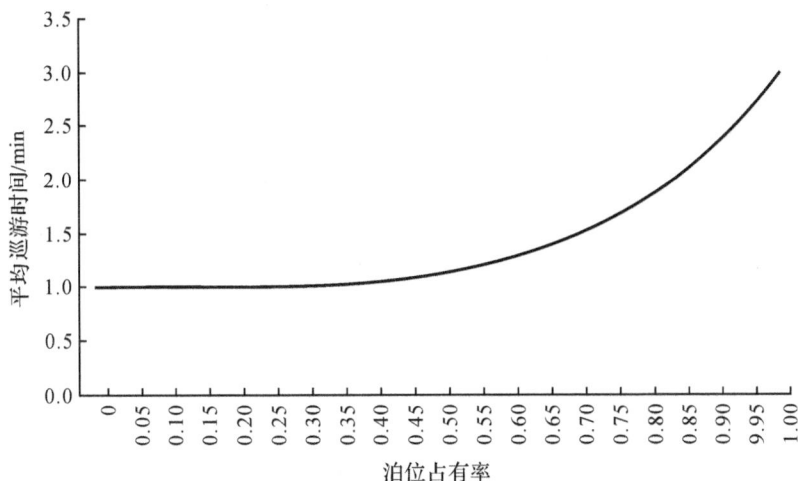

图 2-6　平均巡游时间与泊位占有率的关系

　　本书重点研究预约用户比例 η_c 和各停车场可预约泊位比例 y 的变化对
系统效果的影响。

　　3. 效果分析

　　为分析预约用户比例 η_c 对智能停车预约系统的影响,本节仿真了用户比
例 η_c 从 0.0~1.0 间隔 0.05 共 21 个不同预约用户比例下的系统效果,为减
少仿真随机误差影响,每组参数仿真 5 次取其平均值。在每次实验中,各停
车场可预约泊位设置比例 $\gamma_p = \eta_c$。

　　评价内容包括:

　　(1)仿真结束仍未找到泊位的车辆比例;

　　(2)巡游车辆所占比例;

　　(3)排队等待车辆所占比例;

　　(4)所有车辆的平均巡游时间;

　　(5)所有车辆的平均等待时间;

　　(6)平均行车公里数(AVKT,一种能够有效评价车辆行驶里程的指标,
对于降低燃油消耗、减少出行距离有重要意义);

(7)平均出行总耗时(包括行程时间、巡游时间、等待时间、步行时间);

(8)平均停车费用(包括预约费和停车费);

(9)停车场泊位总利用时间。

21 组实验结果分析汇总如图 2-7 至图 2-12 所示。

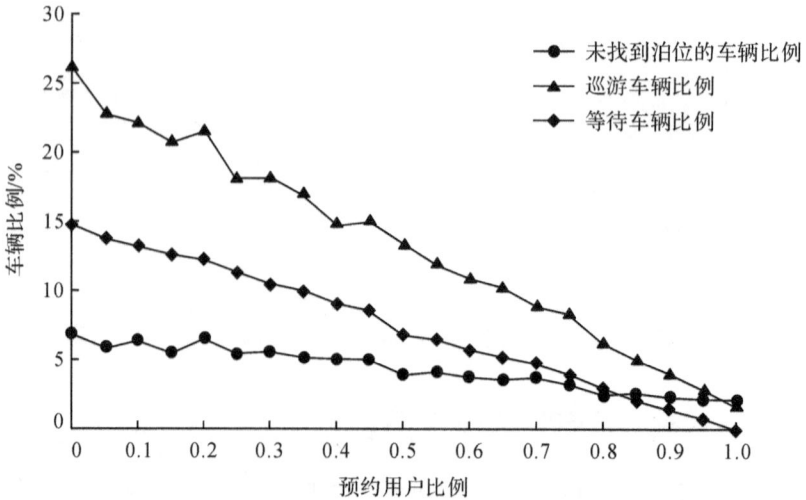

图 2-7　未找到泊位的车辆比例、巡游车辆比例、等待车辆比例与预约用户比例的关系

由图 2-7 可见,随着预约用户比例的增加,仿真结束未找到泊位的车辆呈下降趋势,仿真中的巡游车辆、排队等待车辆明显减少。

随着预约用户比例的递增,未找到泊位的车辆由 6.92%(约 183 辆车)降至 2.10%(约 55 辆车);巡游车辆、排队等待车辆由于预约用户比例的提高呈现大幅递减趋势,其中巡游车辆由完全无预约的 26.18% 降至完全预约情形下的 1.75%,排队等候车辆由完全无预约的 14.79% 降至完全预约情形下的 0%。可以看出,在完全预约情况下,所有车辆均需通过预定获得泊位,即无排队等待车辆,但无法预订泊位的停车需求只能在道路巡游,最终无法停车。

以下对不同预约用户比例下所有车辆的各项统计指标(4)~(9)进行分析。

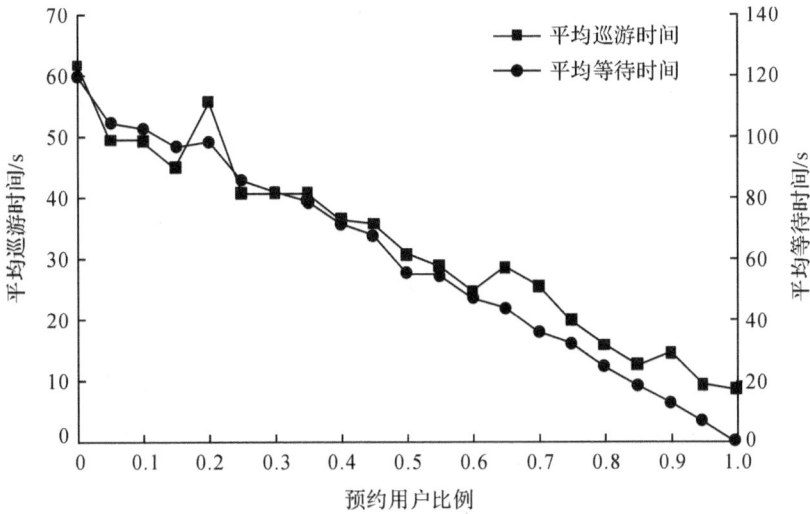

图 2-8　平均巡游时间、平均等待时间与预约用户比例的关系

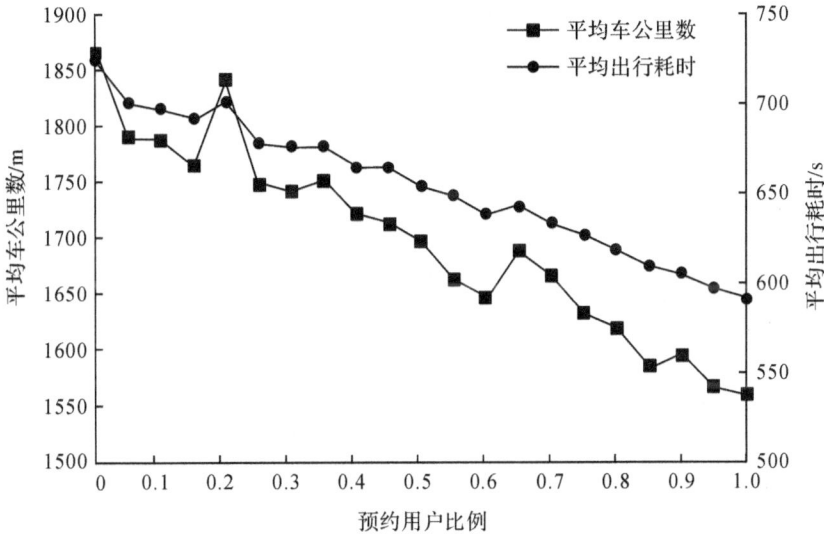

图 2-9　平均行车公里数、平均出行总耗时与预约用户比例的关系

由图 2-8 和图 2-9 可见,随着预约用户比例的增加,车辆平均巡游时间、车辆平均等待时间、平均出行耗时、平均行车公里数基本呈线性下降趋势。其中,平均巡游时间从 61.8s 下降到 8.5s;平均等待时间由 119.9s 下降到 0s,减少车辆排队和巡游效果明显;平均行车公里数由 1864m 下降到 1559m,下降了 16.4%;平均出行耗时由 724.4s 下降到 590.5s,下降了 18.5%。

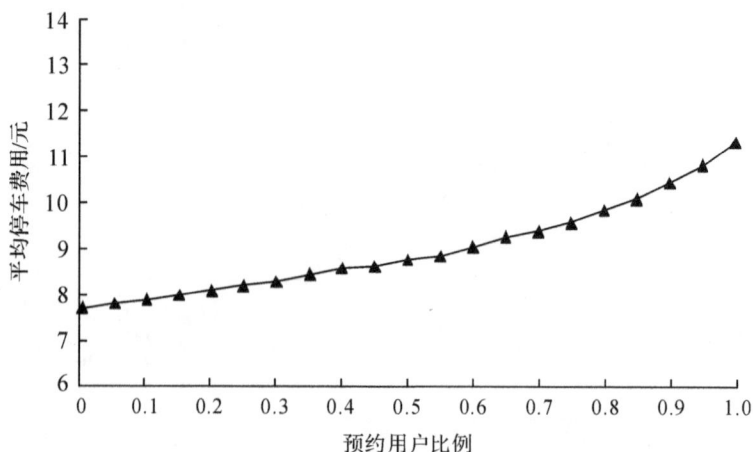

图 2-10　平均停车费用与预约用户比例的关系

由图 2-10 分析可见,由于引入了预约费用,用户的人均停车费用不断上升,这对增加停车场管理方的收益大有益处,也为缓解区域停车资源分布不均提供了另一种思路和途径;在保证停车收益的前提下,可以通过补贴冷门停车场用户停车费、加收热门停车场预约费等价格手段来平衡停车需求。

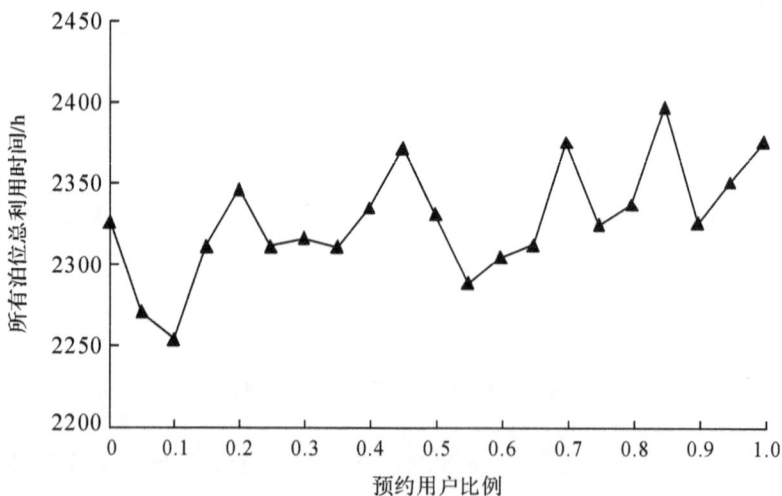

图 2-11　停车场所有泊位总利用时间与预约用户比例的关系

由图 2-11 和图 2-12 分析可见,区域停车场泊位总利用时间整体上有小幅上升趋势,但区域内的各个停车场的变化趋势不尽相同。

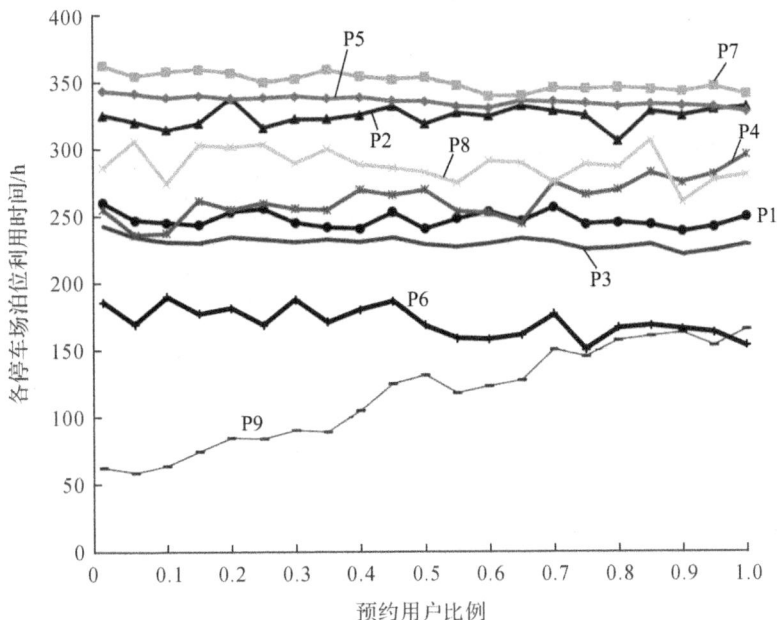

图 2-12　各停车场泊位利用时间与预约用户比例的关系

对于利用时间较高的如停车场 7 和停车场 5,预约用户比例越高,其泊位利用时间有小幅下降,原因在于:停车场 7 和停车场 5 本身利用率较高,属于"热门停车场",一些本来可以直接停车的泊位被用来预约保留直到用户到来,这种"空置等待"会对停车场的利用情况造成影响;且由于本仿真路网较小,假设出行者出发时刻即进入路网,而实际中用户出行距离远大于该仿真区域路网,预约停车场"空置"的预定泊位更加影响停车场的泊位利用时间。

但对于停车场 9 这类本身利用较低的"冷门停车场",预约系统的引入可以大大提高其泊位利用效率。

上述分析了泊位预约系统对用户和停车场收益等带来的影响,以下选取 $\eta_c = 0$、$\eta_c = 0.5$ 和 $\eta_c = 1$ 三种特殊情形分析停车场的泊位变化和排队变化情况。

情形一:完全无预约($\eta_c = 0$)

在用户预约比例为 0,各停车场可预约泊位比例均为 0 的情况下,各停车场泊位变化、泊位占有率变化和排队长度变化如图 2-13 至图 2-15 所示。

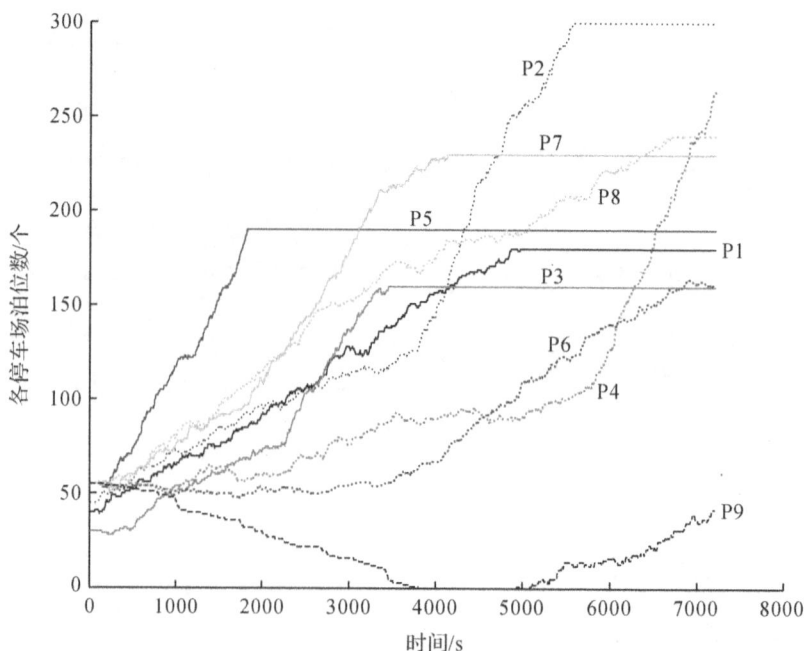

图 2-13　各停车场泊位变化（$\eta_c = 0$）

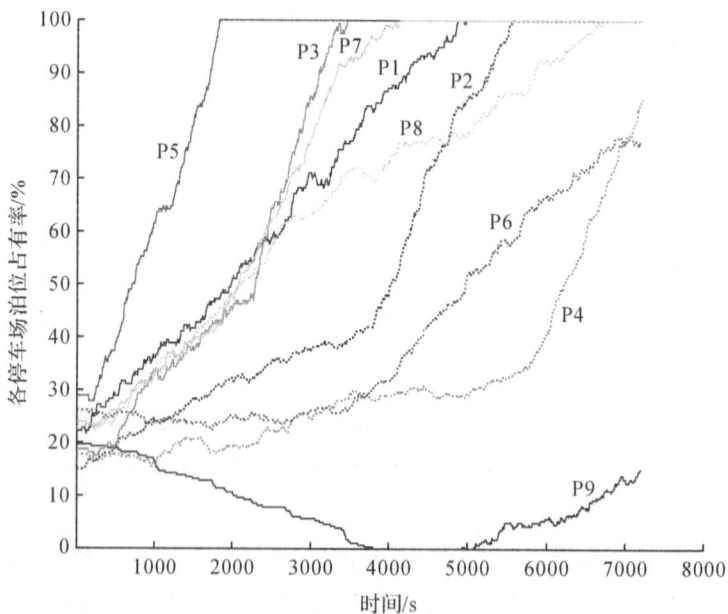

图 2-14　各停车场泊位占有率变化（$\eta_c = 0$）

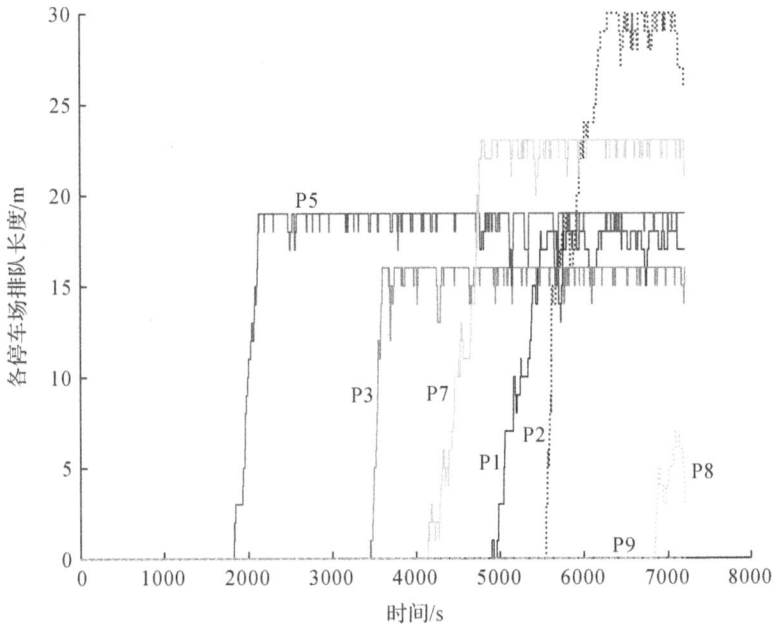

图 2-15　各停车场排队长度变化($\eta_c=0$)

由图 2-13 至图 2-15 分析可见,在需求远大于供给的情况下,大部分停车场都会存在排队现象,其中停车场 5、停车场 3、停车场 7、停车场 1 由于距附近目的地较近、需求旺盛等原因率先达到"全满"状态,成为"热门停车场",开始较长排队,且直到仿真结束排队仍未消散。停车场 9 由于距离目的地远等原因在仿真初期不会成为用户的首选停车场,由于有车辆驶离,停车场泊位占有率呈现下降趋势,到 5000s 左右,由于附近其他停车场处于"全满"或高占有率状态,停车巡游和等待成本大大增加,停车场 9 泊位占有率才缓慢上升。

情形二:部分预约($\eta_c=0.5$)

在用户预约比例为 0.5,各停车场可预约泊位比例均为 0.5 的情况下,各停车场泊位占有率变化如图 2-16 至图 2-18 所示。

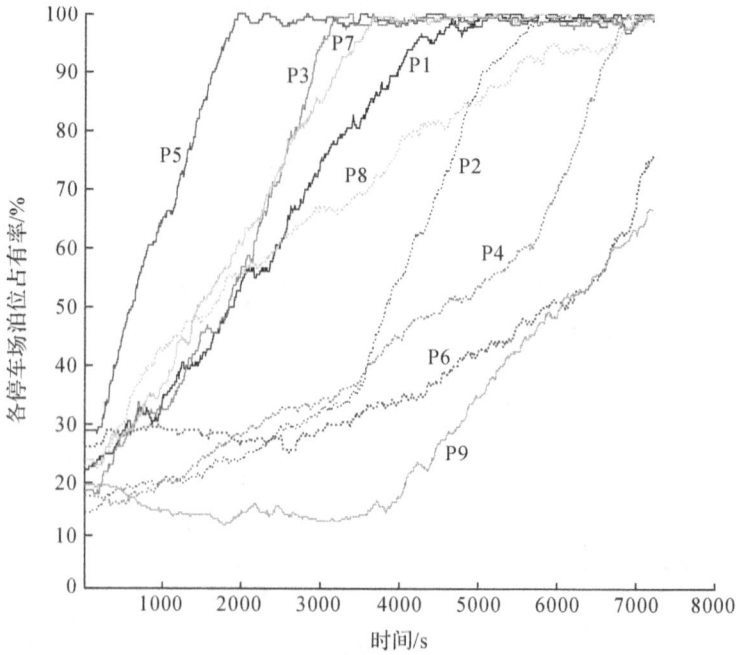

图 2-16　各停车场泊位占有率变化（$\eta_c = 0.5$）

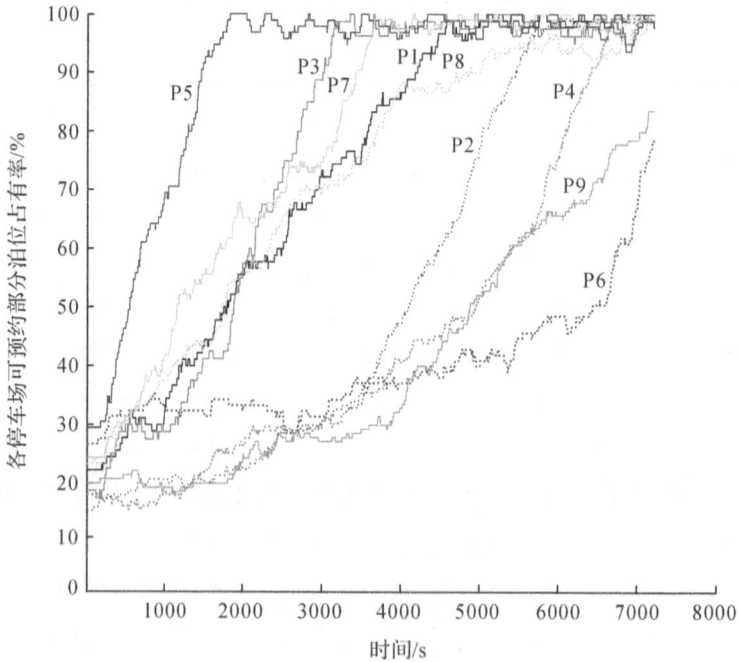

图 2-17　各停车场可预约部分泊位占有率变化（$\eta_c = 0.5$）

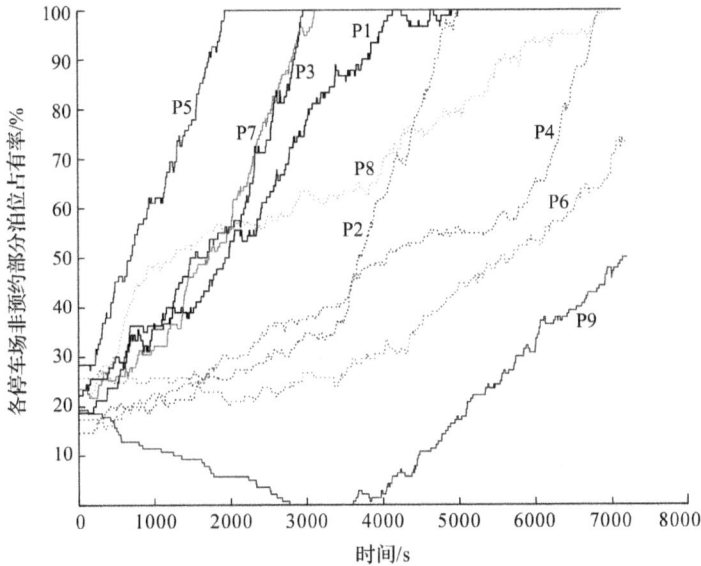

图 2-18　各停车场非预约部分泊位占有率变化($\eta_c = 0.5$)

由图分析可见,在部分预约情况下,由于热门停车场的选择效用较高,用户依然会优先选择热门的停车场 5、停车场 3、停车场 7。当预约部分全满后,预约部分的泊位开始出现小幅波动,即当有车辆驶离后,会有新的车辆预约该泊位,而在等待用户到来这段时间,该泊位只能空置着,因此预约部分的泊位变化情况有明显的高占有率状态下的波动现象,泊位占有率变化曲线与平行于 x 轴的直线 $y = 1$(占有率为 1)围成的部分即为该停车场的预约损失时间。而非预约部分由于有排队车辆,当有车辆驶离后,排队的车辆会立即进入停车场停车,因此其泊位变化会保持"全满"状态。

同时,与完全不预约情况相比,"冷门停车场"停车场 9 的泊位利用情况明显提高。

情形三:完全预约($\eta_c = 1$)

在用户预约比例为 1,各停车场可预约泊位比例均为 1 的情况下,各停车场泊位占有率变化如图 2-19 所示。

对比情形二和情形三两种情况可见,区域停车场完全实行预约后,热门停车场仍然保持热门。将情形二和情形三的泊位变化与情形一对比,作差值绘制如图 2-20 和图 2-21 的曲线图。可以发现,引入预约系统后,各停车场的运行状况有明显的变化,说明预约对重新分配停车需求有较大影响。

停车场 9 和停车场 4 由于预约泊位利用率明显提高;而停车场 6 的泊位利用情况却有所下降;几个热门停车场(停车场 5、停车场 7、停车场 3)在仿真初期有小幅变化,能更快地吸引停车需求。

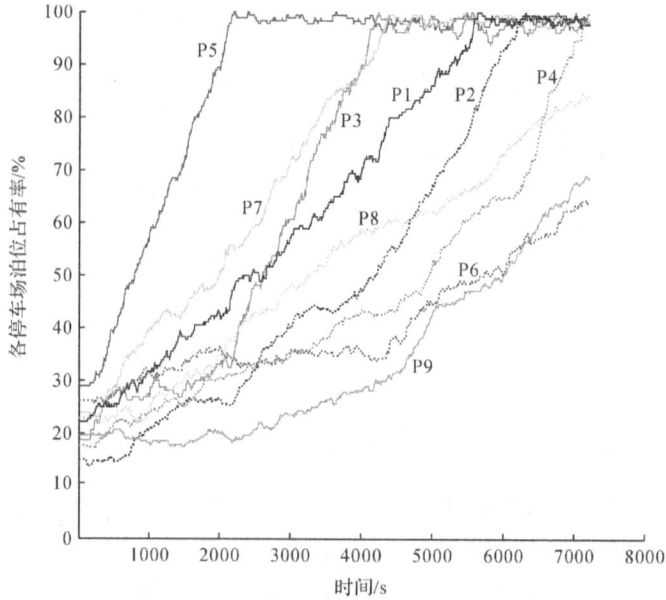

图 2-19　各停车场泊位占有率变化($\eta_c = 1$)

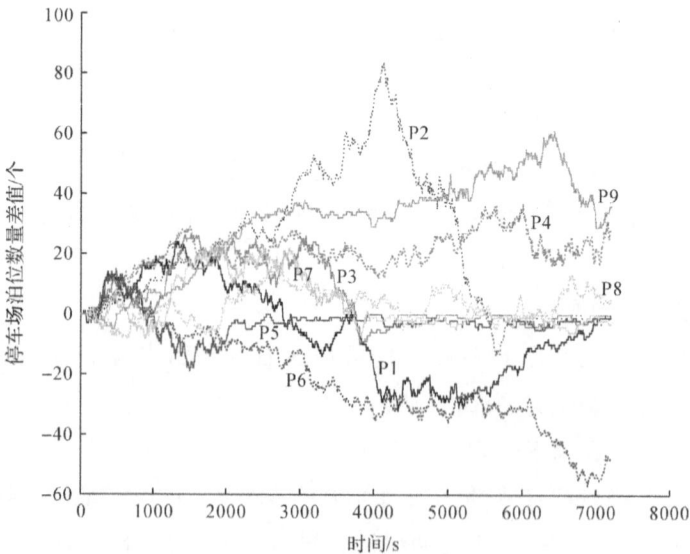

图 2-20　情形二与情形一停车场泊位数量差值

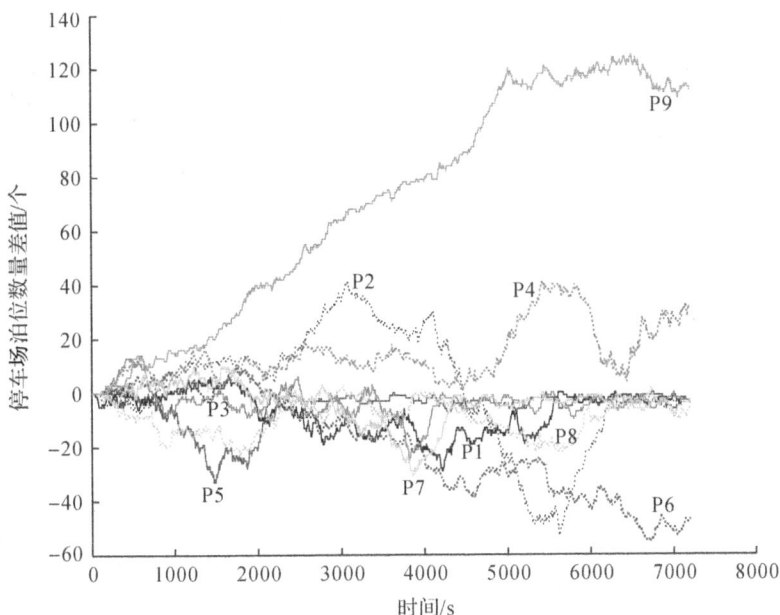

图 2-21　情形三与情形一停车场泊位数量差值

2.4　基于遗传算法的 Agent 泊位预约策略优化

2.4.1　问题阐述

在上一节中,我们利用 Agent 仿真分析了预约用户比例 η_c 的变化对系统性能的影响,其可预约泊位设置比例 γ_p 的前提假设是: $\gamma_p = \eta_c$。

预约用户比例 η_c 相当于泊位预约系统推广的市场占有率,在无外界政策等激励下,该比例会在一段时间内保持相对稳定。

而对于停车管理方,其充当的角色应该是调节停车供给(如建设停车场)和影响停车需求(如价格机制、预约泊位设置)。管理方可以通过干预各个停车场的可预约泊位设置比例 γ_p 来影响区域用户停车行为,进而影响系统运行效果。

因此,本节在固定预约用户比例($\eta_c = 0.5$)前提下,研究区域停车场可预约泊位设置比例 γ_p 的优化组合问题。

2.4.2 参数敏感性分析

为分析在固定预约用户比例($\eta_c = 0.5$)前提下,各停车场泊位预约比例 γ_p 设置对评价指标的影响程度,对其进行参数敏感性分析。评价目标分别选取上节的 9 个评价指标,记作 1—9。

指标 1:仿真结束仍未找到泊位的车辆比例;

指标 2:巡游车辆所占比例;

指标 3:排队等待车辆所占比例;

指标 4:所有车辆的平均巡游时间;

指标 5:所有车辆的平均等待时间;

指标 6:平均行车公里数;

指标 7:平均出行总耗时;

指标 8:平均停车费用;

指标 9:停车场泊位总利用时间。

对固定预约用户比例($\eta_c = 0.5$),各停车场预约比例变化进行仿真实验。对停车场 i 进行仿真测试时,保持其他停车场可预约泊位比例为 0.5。仿真结束后,根据仿真结果画出指标的变化情况三维曲线图,其中 x 轴表示可预约泊位比例,y 轴表示各个停车场,z 轴为指标变化情况(见图 2-22)。

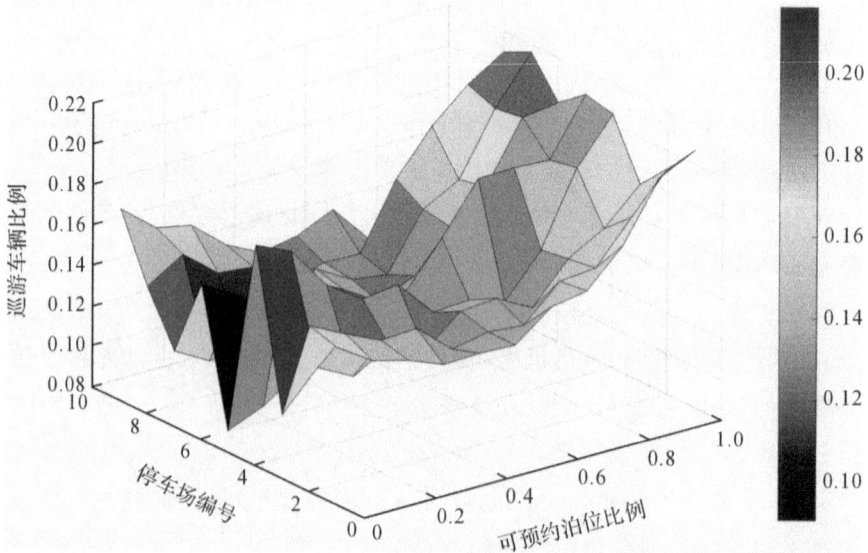

图 2-22 各停车场泊位比例变化对巡游车辆比例的影响

图 2-22 表示的是各停车场泊位比例变化对巡游车辆比例的影响情况,可见在其他停车场比例均为 0.5 的情况,改变某个停车场比例过高或过低都会使巡游车辆增多,而在预约比例为 0.5 左右能保持较低的巡游车辆比例,说明预约泊位的设置应与总预约需求相适应。特殊地,降低停车场 5 的预约比例,巡游车辆比例也随之降低,这是由于停车场 5 为热门停车场,降低停车场 5 的预约比例,将该处的预约需求引导到附近的停车场,增加了热点区域非预约泊位数量,减少了非预约车辆的巡游。

图 2-23 展示了各停车场泊位比例变化对车辆平均巡游时间的影响。虽然降低某个停车场可预约比例会使巡游车辆增多,但车辆平均巡游时间变化不明显;而提高某个停车场可预约比例则会明显增加车辆平均巡游时间。

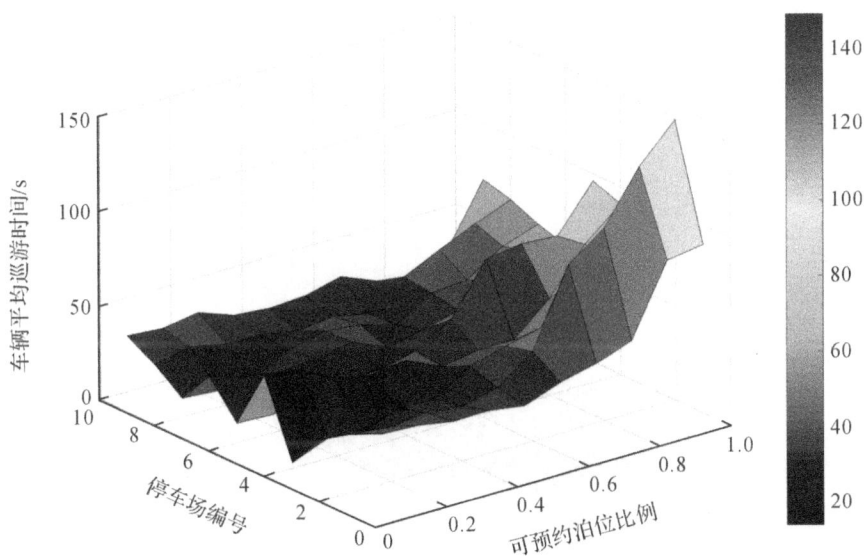

图 2-23　各停车场泊位比例变化对车辆平均巡游时间的影响

对于停车费用,由于本文未对实际停车时间的费用进行变化,仅根据泊位占有率设置了一定的预约费用,在此条件下,增加可预约泊位比例,必将提高停车场收益(如图 2-24 所示),但却会带来车辆平均行车公里数、车辆平均出行耗时增加等负面影响(如图 2-25 和图 2-26 所示)。

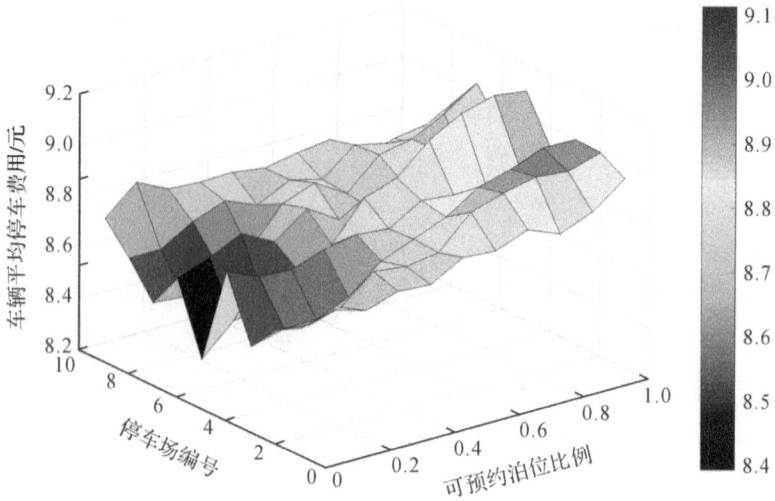

图 2-24　各停车场泊位比例变化对车辆平均停车费用的影响

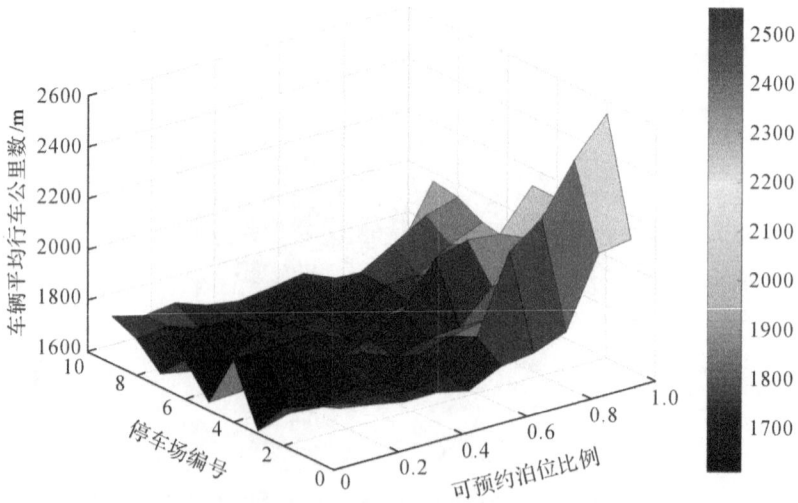

图 2-25　各停车场泊位比例变化对车辆平均行车公里数的影响

为分析参数对目标影响的敏感程度,定义如下的敏感系数(刘林芽,秦佳良,曾峰,2017):

$$\xi = \frac{\dfrac{d_2 - d_1}{d_1 + d_2}}{\dfrac{a_2 - a_1}{a_1 + a_2}} \qquad (2\text{-}16)$$

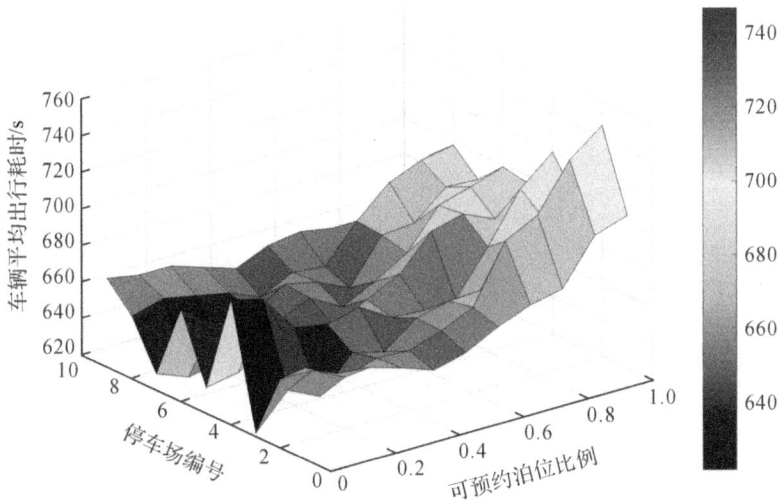

图 2-26　各停车场泊位比例变化对车辆平均出行耗时的影响

ξ 表示参数由 a_1 变化到 a_2 时，目标值由 d_1 变化到 d_2 的敏感系数。系数为正表示参数的变化引起系统性能响应的增加，系数为负表示参数的变化引起系统性能响应的降低。

$\xi_{i,j}$ 表示评价指标 i 对参数 j（即各停车场可预约泊位比例 γ_p）的敏感性系数，其中 $i=1,2,\cdots,9$；$j=1,2,\cdots,9$。计算敏感性系数 $\xi_{i,j}$ 如表 2-4 所示。

表 2-4　系统性能指标对停车场可预约泊位比例 γ_p 的敏感系数

指标	γ_1	γ_2	γ_3	γ_4	γ_5	γ_6	γ_7	γ_8	γ_9
1	0.1858	0.2977	0.2595	0.2295	0.1362	0.1334	−0.0151	0.2772	0.1984
2	0.1355	0.0838	0.2267	0.0422	0.3941	0.1177	0.2987	0.1913	−0.0946
3	0.0589	−0.0415	0.0668	0.0737	0.0137	0.0812	−0.0045	0.1620	−0.0006
4	0.3564	0.6380	0.7154	0.2601	0.6357	0.1642	0.4770	0.3444	0.2633
5	0.0960	0.0230	0.1904	0.0876	0.1766	0.0802	0.1190	0.1719	−0.0093
6	0.0777	0.1868	0.1224	0.0723	0.1324	0.0337	0.0691	0.0561	0.0484
7	0.0248	0.0637	0.0586	0.0222	0.0471	0.0208	0.0434	0.0326	0.0132
8	0.0135	0.0197	0.0264	0.0075	0.0402	0.0130	0.0292	0.0147	0.0012
9	−0.0119	−0.0279	0.0013	−0.0211	−0.0177	−0.0005	−0.0051	−0.0004	−0.0063

由表 2-4 分析可见,在固定预约用户比例下,单一增加某停车场可预约泊位基本会引起巡游车辆、排队等待车辆数的增加。其中仿真结束仍未停车的车辆比例(指标 1)对停车场 2 的预约比例变化最为敏感,巡游车辆比例(指标 2)对停车场 5 的预约比例变化最为敏感,排队等候车辆比例(指标 3)对停车场 8 的预约比例变化最为敏感。

对于出行的时间消耗方面,平均巡游时间(指标 4)和平均等待时间(指标 5)对停车场 3 的预约比例变化均最敏感,对停车场 5 的预约比例变化也比较敏感。可见,热门停车场 3、5 的预约比例增加会带来巡游时间、排队时间的较大增加,这对社会效益是不利的。出行总耗时(指标 7)对停车场 2 的预约比例变化最敏感,对停车场 3 的预约比例变化也很敏感,对停车场 9 的变化最不敏感,说明增加热门停车场 3 的预约比例会恶化出行总耗时,而增加冷门停车场 9 的预约比例对出行总耗时的影响较小。

在行车公里数方面,行车公里数(指标 6)对停车场 2 的预约比例变化最敏感,对停车场 3 和 5 两个热门停车场的预约比例变化也很敏感。进一步分析各参数变化对指标 6 和指标 7 的影响程度,对行车公里数,停车场 2＞5,3＞4,(1,7,8)＞(9,6)(说明:括号内的几个停车场的敏感系数差异不大);对出行总耗时,停车场 2＞3,5＞7,(8,4,1)＞(6,9);两种指标有着相似的影响情况,可以认为行车公里数和出行总耗时两个指标具有"同质性",即优化一个指标的同时另一指标也会得到优化。

在停车场收益方面,由于附加的预约费用仅与泊位占有率相关,因此收费(指标 8)对热门停车场 5 的预约比例变化最为敏感,对冷门停车场 9 的预约比例变化最不敏感。

在停车泊位利用时长方面,除了停车场 3,单一提高其他停车场的预约比例均会造成泊位利用时间的下降,且以停车场 2 最为显著。

因此,在设置区域内停车场可预约泊位比例时应从不同角度权衡取舍,由于各停车场可预约泊位比例对系统性能是相互影响的,下节从优化的角度对可预约泊位设置比例问题进行研究。

2.4.3 基于遗传算法的仿真优化

由于 9 个停车场可预约泊位比例 γ_p 对系统性能的影响不是独立的,而是相互影响的,由于计算量庞大,无法直接通过枚举法比较寻找优化解,本节采用常用的启发式算法——遗传算法(李娅,2017)进行优化目标求解。

遗传算法是计算数学中常用的搜索算法,是借鉴了生物进化学中的遗传、突变、自然选择、杂交等现象发展起来的一种进化方法。进化从完全随机的个体的种群开始,之后一代一代发生,在每代中,评价整个种群的适应度(即优化目标),给予适应度随机选择多个个体,通过自然选择和突变产生新种群,最终寻得最优解。对遗传算法的详细介绍和算法过程不再赘述。

由于主体优化的特殊性,基于 Agent 的仿真无确定的数学解析式,且存在仿真结果的波动性,因此本节求得的不是最优解,而是一个优化解。而且,在现实操作中,由于参与交通的主体——人的行为有着随机性,作为停车管理方仅需做出一个相对较优的可预约泊位设置方案,无需追求最优解,也不存在最优解。

对于每组可预约泊位比例组合参数,进行三次仿真,取优化目标的平均值作为适应度函数,降低单次仿真的结果波动性。本节利用 Matlab 将Agent仿真打包成一个函数,输入参数为可预约泊位比例组合,输出参数为优化目标值,为降低仿真结果的波动性,每组参数仿真三次取平均值,利用Matlab 遗传算法工具箱进行优化求解。

种群初值设置为:$[0.5,0.5,0.5,0.5,0.5,0.5,0.5,0.5,0.5]$,即上小节设定值;交叉率为 0.85,变异率为 0.15,种群数量为 20,迭代代数为 50代,对社会效益和停车场效益等不同指标进行仿真优化。

2.4.4　单目标优化

优化目标根据服务对象可以分为社会效益优化和停车场效益优化。社会效益指标包括行程时间、等待时间、巡游时间、行驶里程等;停车场效益指标包括停车场收益、停车泊位利用时间等。单目标优化拟对 AVKT、出行总耗时、排队等待时间、停车场收益四项目标进行仿真优化,获取优化的预约泊位设置比例的参数组合。

优化目标一:AVKT 最小

平均行车公里数 AVKT 是衡量车辆群体在某区域内行驶里程情况的一项指标,在相同的条件下,AVKT 越小,说明车辆到达目的地所需的总行驶里程越少,对于减少巡游、降低区域交通压力有重要意义。

以每次仿真的 AVKT 作为优化目标,泊位设置比例 γ_p 精确到 0.1,利用 Matlab 仿真优化求解效果,如图 2-27 所示。

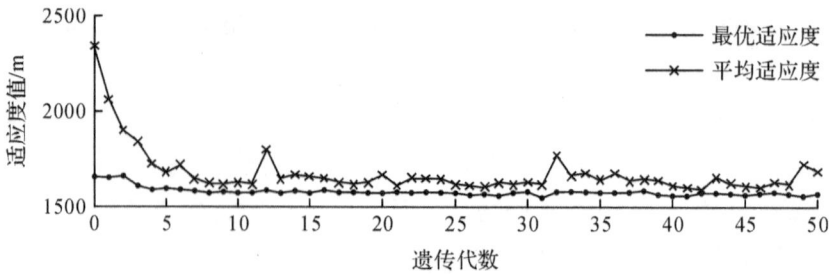

(a)遗传优化适应度曲线

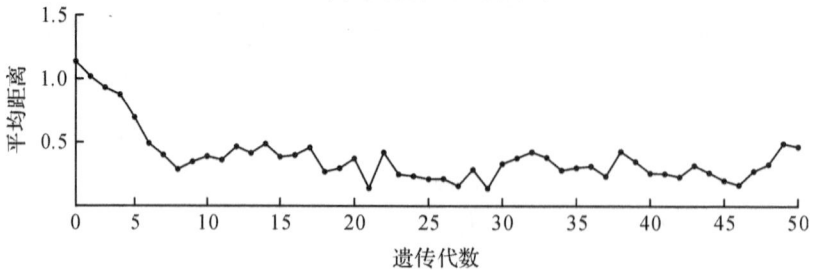

(b)种群个体间的平均距离

图 2-27 以 AVKT 为优化目标的适应度曲线

仿真优化的适应度值为 1569m,各停车场的可预约泊位比例分别为 0.4,0.3,0.2,0.8,0.2,0.5,0.1,0.5,0.8,综合各停车场的容量,区域内可预约的泊位占区域内总泊位容量的 48%。

优化目标二:平均出行总耗时最小

在参数敏感性分析中认为行车公里数和出行总耗时两个指标具有"同质性",而出行总耗时是最常用的社会效益指标之一,降低出行总耗时能有效降低间接出行时间成本,提高社会效益。

以每次仿真的平均排队等待时间作为优化目标,泊位设置比例 γ_p 精确到 0.1,利用 Matlab 仿真优化求解效果,如图 2-28 所示。

仿真优化的适应度值为 605.2s,各停车场的可预约泊位比例分别为 0.2,0.6,0.2,0.7,0,0.4,0.2,0.4,0.8,综合各停车场的容量,区域内可预约的泊位占区域内总泊位容量的 42%。

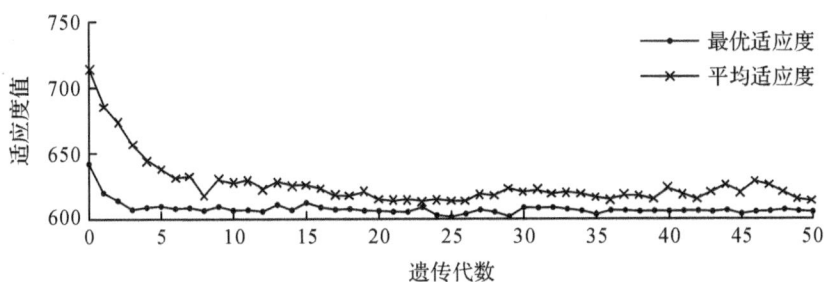

(a)遗传优化适应度曲线

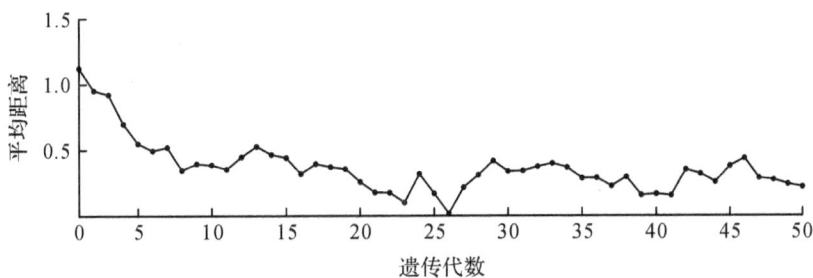

(b)种群个体间的平均距离

图 2-28　以平均出行总耗时为优化目标的适应度曲线

优化目标三:平均排队时间最小

减少用户的平均排队等待时间既能降低用户的出行间接成本,也能减少停车场的排队长度,并降低停车场排队对邻近道路交通的影响。

以每次仿真的平均排队等待时间作为优化目标,泊位设置比例 γ_p 精确到 0.1,利用 Matlab 仿真优化求解结果,如图 2-29 所示。

仿真优化的适应度值为 27.1s,各停车场的可预约泊位比例分别为 0.4,0.4,0.2,0.7,0.1,1.0,0.4,0.2,0.6,综合各停车场的容量,区域内可预约的泊位占区域内总泊位容量的 50%。

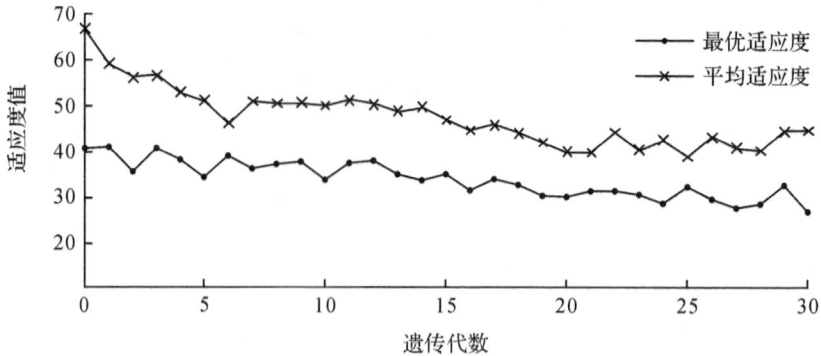

(a)遗传优化适应度曲线

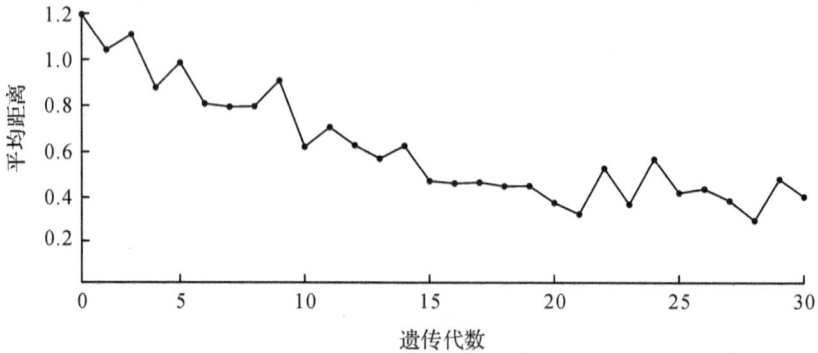

(b)种群个体间的平均距离

图 2-29　以平均排队时间为优化目标的适应度曲线

优化目标四:停车场收益最大

从停车场管理方的角度,总是期望获得最大收益。以每次仿真的平均停车费用作为优化目标,泊位设置比例 γ_p 精确到 0.1,利用 Matlab 仿真优化求解效果,如图 2-30 所示。

仿真优化的适应度值为 9.58 元,各停车场的可预约泊位比例分别为 0.6,1.0,0.9,0.1,1.0,0.8,0.7,1.0,0,综合各停车场的容量,区域内可预约的泊位占区域内总泊位容量的 60%。

将上述四种优化目标下的泊位预约比例组合的仿真结果与上节假设 ($\gamma_p = \eta_c = 0.5$)下的仿真结果进行对比分析,各项指标对比分析结果如表2-5所示,计算的变化百分比如表 2-6 所示。

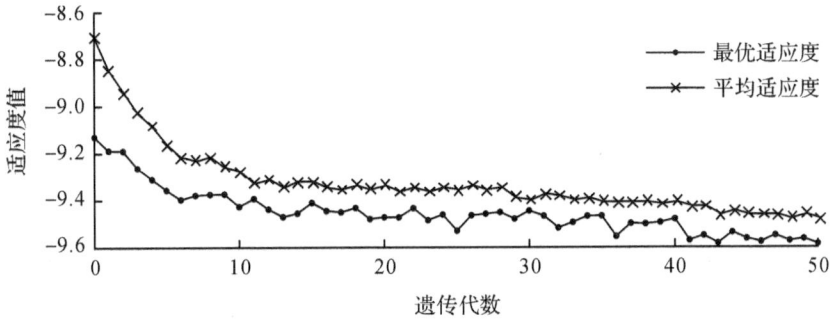

(a)遗传优化适应度曲线

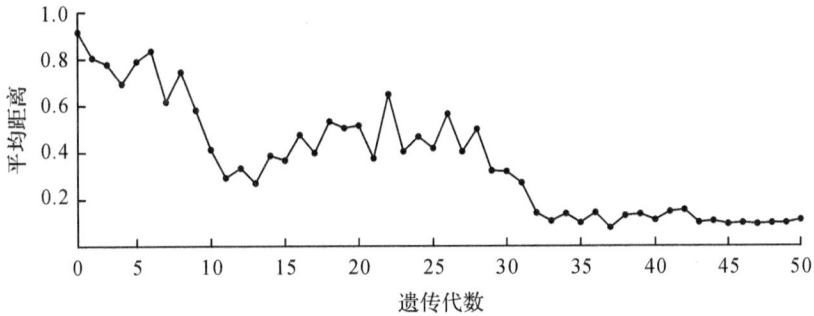

(b)种群个体间的平均距离

图 2-30 以停车场收益为优化目标的适应度曲线

表 2-5 优化后的仿真结果对比分析

指标	无优化	AVKT 最小	出行总耗时最小	排队时间最小	停车场收益最大
停车失败车辆比例/%	3.96	3.68	2.91	3.49	15.38
巡游车辆比例/%	13.31	7.11	4.33	8.98	39.00
排队车辆比例/%	6.89	5.70	4.37	5.66	5.28
平均巡游时间/s	30.7	8.9	4.4	9.6	467.8
平均等待时间/s	54.7	31.5	19.9	26.4	47.4
AVKT/m	1697	1583	1556	1619	4826
平均出行总耗时/s	653.3	619.8	607.1	622.6	1058.0
停车费用/元	8.78	8.24	8.12	8.30	9.47
泊位总利用时间/s	2332	2336	2329	2368	1962

表 2-6　优化后的仿真结果性能指标变化百分比　　　（单位:%）

指标	AVKT 最小	出行总耗时最小	排队时间最小	停车场收益最大
停车失败车辆比例	−7.02	−26.51	−11.87	288.17
巡游车辆比例	−46.59	−67.49	−32.55	192.90
排队车辆比例	−17.25	−36.58	−17.88	−23.34
平均巡游时间	−71.09	−85.81	−68.81	1423.49
平均等待时间	−42.45	−63.58	−51.68	−13.38
AVKT	−6.69	−8.28	−4.60	184.43
平均出行总耗时	−5.13	−7.08	−4.70	61.93
停车费用	−6.20	−7.55	−5.44	7.85
泊位总利用时间	0.20	−0.12	1.57	−15.86

分析表 2-5 和表 2-6 可以看出,在固定预约用户比例下,经过优化后的可预约泊位设置比例参数组合均取得了较好的效果。

对比 AVKT、出行总耗时、排队时间三项社会效益指标,发现优化其中一项,其他两项指标的性能也会得到提高,这就证明上节基于参数敏感性分析得出的结论:行车公里数和出行总耗时两个指标具有"同质性"。我们可以丰富并推广得到这样的结论:行车公里数、出行总耗时、等待时间等社会效益评价指标具有"同质性",一个目标的优化同时会优化其他指标。

优化社会效益指标时,停车费用即停车场收益会下降 5.44%~7.55%,泊位总利用时间变化不大,有小幅下降或小幅提高;优化停车场效益指标时,停车场收益提升了 7.73%,但却恶化了巡游、VKT、泊位利用时间等指标,平均巡游时间增加了近 14 倍,AVKT 提高了 1.8 倍,泊位总利用时间降低了 15.86%。因此,社会效益优化与停车场效益优化是两个相悖的目标,只有合理权衡两者之间的轻重缓急,制定合理的可预约泊位参数组合。

2.4.5　双目标优化

本节拟对出行总耗时和停车场收益两个目标进行组合优化,优化目标函数:

$$z = \alpha \cdot \lambda_1 \cdot \bar{t_c} + (1-\alpha) \cdot \lambda_2 \cdot \bar{f_c}$$

式中,α 为权重系数,λ_1,λ_2 为均衡系数,$\overline{t_c}$ 为用户平均出行总耗时,$\overline{f_c}$ 为用户平均停车费用,z 为优化目标。

考虑出行耗时和停车费用的变化幅度,取 $\lambda_1=1$,$\lambda_2=100$。分别对 $\alpha=$ 0.2、0.4、0.6 和 0.8 四种优化权重下的可预约泊位比例组合进行优化,优化后的泊位比例组合如表 2-7 所示,各泊位比例组合下的仿真评价目标及其变化百分比如表 2-8 和表 2-9 所示,其中 $\alpha=0$ 和 1 分别为上节中平均耗时和停车场收益两个单目标优化下的优化结果。

表 2-7　不同优化权重下的可预约泊位比例组合

停车场	无优化	$\alpha=0$	$\alpha=0.2$	$\alpha=0.4$	$\alpha=0.6$	$\alpha=0.8$	$\alpha=1$
1	0.5	0.6	0.4	0.5	0.5	0.5	0.2
2	0.5	1.0	0.3	0.3	0.7	0.5	0.6
3	0.5	0.9	0.7	0.5	0.1	0.1	0.2
4	0.5	0.1	0.5	0.5	0.6	0.7	0.7
5	0.5	1.0	1.0	1.0	0.7	0.5	0
6	0.5	0.8	0.6	0.5	0.6	0.4	0.4
7	0.5	0.7	0.6	0.7	0	0.2	0.2
8	0.5	1.0	0.4	0.5	0.4	0.4	0.4
9	0.5	0	0.3	0.5	0.8	0.8	0.8

表 2-8　不同优化权重下的优化仿真结果统计

指标	无优化	$\alpha=0$	$\alpha=0.2$	$\alpha=0.4$	$\alpha=0.6$	$\alpha=0.8$	$\alpha=1$
停车失败车辆比例/%	3.96	15.38	3.68	2.91	3.49	19.76	2.91
巡游车辆比例/%	13.31	39.00	21.18	20.35	10.25	10.47	4.33
排队车辆比例/%	6.89	5.28	5.69	5.28	5.35	6.93	4.37
平均巡游时间/s	30.7	467.8	55.5	44.9	13.8	15.4	4.4
平均等待时间/s	54.7	47.4	44.9	38.2	34.0	42.9	19.9
AVKT/m	1697	4826	1835	1751	1618	1623	1556
平均出行总耗时/s	653.3	1058.0	664.8	649.7	617.4	622.6	607.1
停车费用/元	8.78	9.47	9.06	8.96	8.63	8.33	8.12
泊位总利用时间/s	2332	1962	2282	2278	2301	2421	2329

表 2-9　不同优化权重下的优化仿真结果性能指标变化　　（单位：%）

指标	$\alpha=0$	$\alpha=0.2$	$\alpha=0.4$	$\alpha=0.6$	$\alpha=0.8$	$\alpha=1$
停车失败车辆比例	288.17	−7.02	−26.51	−11.87	398.82	−26.51
巡游车辆比例	192.90	59.11	52.84	−23.01	−21.40	−67.49
排队车辆比例	−23.34	−17.38	−23.34	−22.29	0.55	−36.58
平均巡游时间	1423.49	80.71	46.22	−55.06	−49.75	−85.81
平均等待时间	−13.38	−17.92	−30.23	−37.84	−21.60	−63.58
AVKT	184.43	8.15	3.23	−4.64	−4.35	−8.28
平均出行总耗时	61.93	1.75	−0.55	−5.50	−4.71	−7.08
停车费用	7.85	3.24	2.09	−1.75	−5.11	−7.55
泊位总利用时间	−15.86	−2.13	−2.30	−1.33	3.86	−0.12

　　由表 2-7 分析可见，权重比例 α 由 0 增加到 1，平均耗时的权重越来越大，停车场收益的权重越来越小。从可预约泊位比例的优化结果也可以看出，热门停车场 3 和停车场 5 的可预约比例越来越小，而冷门停车场 9 的可预约比例越来越大。这与本书 2.4.4 小节单目标优化下的结论是相吻合的，即停车场收益最大下目标下需要提高热门停车场的可预约泊位比例，在社会效益最大化的目标下需要降低热门停车场的可预约泊位比例。

　　由表 2-8 和表 2-9 分析可见，权重比例 α 由 0 增加到 1，平均出行耗时的仿真结果越来越低，社会效益越来越好；停车收费越来越低，停车场收益越来越少。在重停车场收益的目标（$\alpha=0.2$）下，会恶化区域车辆的巡游情况，增加行车公里数，增加尾气排放；在重社会收益的目标（$\alpha=0.8$）下，行车公里数、巡游时间等社会效益得到较大提升，但停车收费会有一定损失。

　　因此，在实际决策中，需要权衡社会效益和停车场效益的双重影响，划定合理的停车可预约泊位比例。

2.5　研究结论

　　对杭州市武林商圈抽象路网的仿真分析，我们在预约用户比例的研究上总结得出以下几点结论：

　　(1)停车预约系统的推广（即预约用户比例的增加）可以有效减少城市

核心区巡游车辆数、排队等待车辆数、平均巡游时间、平均等待时间、行车公里数、平均出行耗时;

(2)通过增收与泊位预测信息相适应的预约费用来提高停车场收益;

(3)虽然部分停车场的泊位利用时间有所下降,但核心区整体泊位利用时间呈上升趋势;

(4)停车预约系统的推广对重新分配停车需求有较大影响,可以有效提高冷门停车场的停车需求。

在固定预约用户比例基础上对停车场可预约泊位比例组合的研究上总结得出以下几点结论:

(1)预约泊位的设置应与总预约需求相适应;

(2)行车公里数、出行总耗时、平均排队时间等社会效益性指标及停车场收入等停车场收益性指标均对热门停车场的可预约泊位比例变化比较敏感;

(3)行车公里数、出行总耗时、等待时间等社会效益评价指标具有"同质性",优化一个目标的同时会优化其他指标;

(4)社会效益优化与停车场效益优化是两个相悖的目标,在社会效益优化下应尽量降低热门停车场的可预约泊位比例,而在停车场效益优化下应尽量提高热门停车场的可预约泊位比例;

(5)权衡社会效益和停车场效益的双重影响,可以划定合理的停车可预约泊位比例来兼顾两者。

第3章 考虑电动汽车充电设施设置的停车系统仿真

3.1 电动汽车充电设施规划现状背景

随着世界经济的发展和自然资源的枯竭,能源危机和生态环境恶化已成为当今世界可持续发展的焦点问题(温剑锋,陶顺,肖湘宁,等,2015;Zhao H, Guo S, Fu L,2014)。因此,许多国家提出了相应的能源开发路线和战略。中国已成为世界上最大的二氧化碳排放国,交通运输部门的碳排放量约占 6%(Zhang Y,Wang H,Liang S, et al. ,2014)。交通运输部门的能源消耗和碳排放增长速度均高于全国平均水平,这是近年来城市化发展和汽车需求增长所刺激的。

电动汽车作为一种新型的环保交通工具,在城市大气污染减排和低碳交通发展中起着至关重要的作用(Mak H Y, Rong Y, Shen Z,2013)。随着电池容量和经济效益的不断提高,电动汽车已成为新能源汽车的主要发展趋势。同时,新能源充电设施可以转移电力高峰负荷,提供循环备用,提高可再生能源电力的利用率。因此,电动汽车产业快速发展可以在一定程度上促进电网的安全稳定性和经济效益(Singh M, Kumar P, Kar I,2013)。目前,电动汽车越来越受政府和公众的关注,发展电动汽车是解决石油资源枯竭和环境污染问题的有效途径之一,也可以促进城市的可持续发展(Li H, Peng J, Liu W R, et al. ,2015;Lu X C, Chen Q B, Zhang Z J,2014)。

为推动我国电动汽车产业大发展,2015 年国务院发布《关于加快电动汽车充电基础设施建设的指导意见》(国务院办公厅,2015),文件指出:到 2020年,基本建成适度超前、车桩相随、智能高效的充电基础设施体系,满足超过500 万辆电动汽车的充电需求。国家发展改革委、能源局等四部委联合发布

《电动汽车充电基础设施发展指南(2015—2020 年)》(中华人民共和国国家发展和改革委员会,2015),文件指出:到 2020 年,建成集中式充换电站 1.2 万座,分散充电桩 480 万个,满足 500 万电动汽车的充电需求。据公安部统计,截至 2021 年 6 月,全国机动车保有量达 3.84 亿辆;其中汽车保有量为 2.92 亿辆,新能源汽车保有量达 603 万辆,占汽车总量的 2.06%;其中,纯电动汽车保有量为 493 万辆,占新能源汽车总量的 81.68%。仅 2021 年上半年,新注册登记的新能源汽车就达到了 110.3 万辆,与上一年同期相比增加 77.4 万辆,增长了 234.92%。到 2020 年底,全国共建成公共充电桩 80.7 万个,仍然无法满足新能源汽车高速增长的充电需求。

电动汽车存在续驶里程短和充电时间长两个方面的问题,电动汽车的快速发展依赖于充电设施的建设与布置,在国家政策的大力支持下,地方政府和相关企业正在大力建设充电桩的基础设施,从图 3-1 可以看出,近年来新能源汽车保有量和公共充电桩的保有量皆有大幅度的增长。电动汽车充电设施规划建设,需充分考虑电动汽车充电行为、充电模式、续航里程等相关因素,科学合理地对电动汽车在宏观和微观层面进行充电需求预测,进而通过对充电设施的布局规划和运营管理进行协同优化,达到交通系统社会效益最大化。随着电动汽车自身性能的提升和充电设施的完善,电动汽车的市场竞争力将大大提高,逐步取代传统燃油车,大大缓解城市交通中的能源和环境问题。

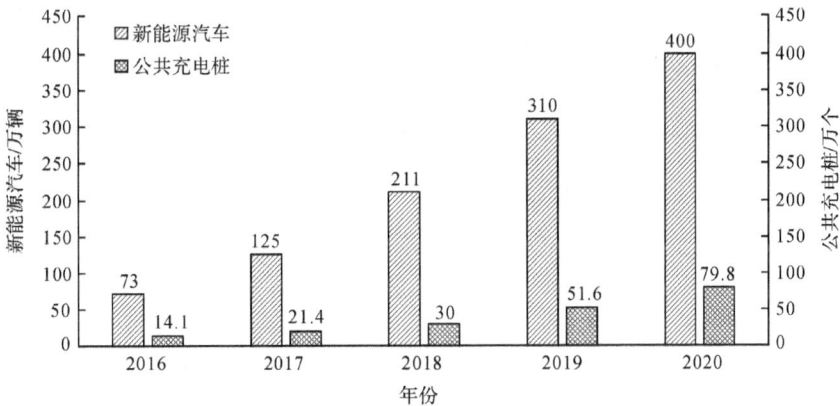

图 3-1　新能源汽车与公共充电桩保有量

(数据来源:中国电动汽车充电基础设施促进联盟)

但现阶段充电设施在快速发展的过程中存在以下一些问题:

(1)布局规划与充电需求不耦合。目前充电桩的主流建设模式是在已有停车场的基础上"一刀切"似的划分一个固定比例的停车位用于配建充电设施,由于未能根据充电需求配置充电设施,不仅导致了热门区域停车场往往无桩可充、冷门区域充电桩闲置浪费等充电不均的问题,同时也加剧了燃油汽车的"停车难"问题。这种充电需求与充电设施之间的供需结构矛盾不仅加剧了充电的困难性,也增加了充电设施这种新事物推进过程中的舆论压力,严重阻碍了电动汽车的普及。

(2)运营管理与充电需求不联动。由于充电运营未考虑停车需求的时空波动特征,当电动汽车大规模、无序地接入配电网进行充电时,由于充电时间、地点、功率的不均衡,往往会造成部分热门停车场充电设施高峰期排队等候时间过长,同时给配电网带来负荷过高、降压过大、电能损失过大等问题。电动汽车充电行为与普通燃料汽车加油行为相比更为复杂,电动汽车充电时间长,电动汽车集中充电会带来长时间的排队,虽然增加充电站的数量和容量可能是减少等待时间的一种解决方案,但这种解决方案可能带来其他严重问题,如对配电网络的影响、对燃油汽车停车的影响、因配建充电桩和后期保养带来的额外经济成本等一系列问题。

充电站合理的布局规划是运营管理的基础,本章将着重解决这一问题,通过构建基于 Agent 的停车系统仿真,分析电动汽车的充电行为来对电动汽车的充电需求进行预测,从而进行布局优化。

3.1.1 电动汽车充电模式

随着电动汽车的逐步推广和产业化以及电动汽车技术的日益发展,电动汽车对充电站的要求向以下目标靠近(Alhazmi Y A, Mostafa H A, Salama M,2017):①充电快速化。充电快速化在某种意义上解决了电动汽车续航里程短的致命弱点。②充电通用化。充电系统需要具有充电广泛性,具备多种类型蓄电池的充电控制算法,可与各类电动汽车上的不同蓄电池系统实现充电特性匹配,能够针对不同的电池进行充电。③充电智能化。通过优化电池智能化充放电达到延长电池的使用寿命和节能的目的。④电能转化高效化。充电站的建设应该选择电能转换效率高、建造成本低等诸多优点的充电装置。⑤充电集成化。通过集成化,实现体积更小、效率更高的充电解决方案;降低系统成本,优化充电效果,延长电池寿命。

电动汽车的充电模式存在一定的差别,根据电动汽车动力电池组的技术和使用特点,现今普遍存在的充电模式可以分为三种:慢速充电模式(也叫常规充电模式)、快速充电模式、机械充电模式(也称换电模式)。下面介绍每种充电模式的特点。

1. 慢速充电模式

慢速充电模式是一种采用车载充电设备对电池组充电的模式,其充电电流大小约为 15A,充电功率低,充电时恒压或者恒流。

慢速充电模式具有以下一些特点。

(1)成本方面:因充电功率和电流小,对设备的要求低,充电器和安装成本比较低。

(2)寿命方面:慢速充电过程平缓,对电池伤害小,电池寿命高。

(3)充电时间方面:慢速充电由于耗时久,一般仅仅利用晚间时间充电,充电时间不自由。

(4)周转率方面:由于充电时间长,一个充电桩占用时间长,充电桩周转率低,不利于商业化推广。

2. 快速充电模式

快速充电模式是采用较大电流在短时间内为电动汽车充电的模式,其充电电流一般为 150~400A,充电时长一般为 20~120min。

快速充电模式具有以下一些特点。

(1)成本方面:充电器功率大,对设备的要求高,相应的充电成本和设备安装成本较高。

(2)寿命方面:充电功率大,电流大,对电池损伤大,会降低电池的预期使用寿命。

(3)充电时间方面:充电时间短,充电时间较为自由。

(4)周转率方面:充电时间短,充电桩利用率高,周转率高。

3. 换电模式

换电模式是一种通过更换电池组的方式来达到为电动汽车快速充电的

模式。换电模式具有以下特点。

(1)成本方面:由于电池组重量大,更换电池专业化程度要求高,一般需要配备专业人员来进行电池更换、充电和维护,因此建设成本和后期维护成本高昂。

(2)寿命方面:由于换电站可以利用夜间低谷时段对电池进行慢速充电,因此对电池的损害较少。

(3)充电时间方面:通过更换电池组,用户可大幅度节省充电时间,充电效率更高。

(4)周转率方面:换电模式需要停车位更少,周转率更高。

(5)建设与管理:换电站电池折旧成本高,建设和运营成本较高,不利于商业化运行,且不同车企之间的电池标准规格不一样,电池标准化难度大。但大规模推广建设应用可能性大。

目前电动汽车的价格中电池部分占比高,不同车企之间电池的续航里程差别大,电池性能的变化对电动汽车的影响很大,因此在这种情况下,消费者大都处于一种观望状态。因此许多学者开始思考,电池一定要与车子绑定在一起吗? 车电一体还是车电分离,这实际上也是充电模式和换电模式的最大区别。

早在 2010 年,关于电动汽车在基础设施建设规划上究竟应该选择充电还是换电的技术路线,国家电网就从当时的基础设施状况出发,且便于合理利用夜间低谷电能,确定了"换电为主,插充为辅,集中充电,统一配送"的基本思路。可事与愿违,截至 2020 年底,国家电网已建成充换电站 1.2 万座,交流充电桩 10 万台,投资巨大但却几乎没有产出。

虽然换电模式可以降低电动汽车的售价,彻底解决电动汽车续航里程问题,但换电站建设成本过高、各个企业的电动车技术标准及电池标准不同、车企普遍不愿意共享技术标准,是最终阻碍换电站普及的三个重要原因。2012 年,国务院审议通过的《节能与新能源汽车产业发展规划(2012—2020 年)》明确表示不支持"换电为主"的电动车发展模式。

因此,2012 年后政府大力扶持充电桩的建设,2015 年 11 月出台的《电动汽车充电基础设施发展指南(2015—2020 年)》明确指出,到 2020 年,我国计划新增集中式充换电站超过 1.2 万座,分散式充电桩超过 480 万个。

三种充电模式各有各的优缺点和使用范围,在未来,应该是三种模式并存的方式。对于出租车、公交车等适用换电模式,对于私家车充电模式或许更为合适。本章也将着重分析私家车的停车充电行为,构建的 Agent 停车系统仿真模型,将考虑快速充电和慢速充电两种充电模式对停车系统的影响。

3.1.2　充电设施的安装方式

按照安装方式不同,充电设施可以分为集中式充电站和分散式充电桩两类。(见图 3-2)

图 3-2　集中式充电站(左图)和分散式充电桩(右图)

1.集中式充电站

集中式充电站就是提供一定数量的、多种充电方式的充电桩为电动汽车、公交车等电动机动车充电的场所。集中式充电站一般以快充为主,充电效率高,类似于现在的加油站,但充电时间一般远高于加油站。集中式充电站以充电功能为主,也可以辅助其他商业开发,提高充电站的经营效率。

2.分散式充电桩

分散式充电桩指分散在现有停车场、办公楼、住宅区等场所的零碎充电桩,分散式充电桩一般充电灵活,能降低用户因充电而带来的出行距离。

3.现有建设模式分析

现阶段,因城市用地紧张,对于建成有规模成网的集中式充电站难度大,因此大多数充电站的建设模式是在现有停车场划分一定比例的停车位用来布置分散式充电桩。

事实上,今日"停车难"问题的根源在于之前的规划未给予足够的停车配建指标,造成停车场规划用地布局极少。同样的,今日的充电站建设依旧受用地的限制,对于电动汽车保有量大的中心城区,往往很难腾出足够的地块用来建设充电站。对于城市新区及周边城市,虽有足够用地,但充电站的经营效益也会成为限制因素。通过在停车场划分一定比例停车位用来建设充电桩实质上是一种折中方案,目前存在以下几个问题。

(1)充电车位和停车位的矛盾:现状是燃油汽车停车本身就难,减少一部分泊位后停车问题加剧;而另一方面,电动汽车因保有量少,充电桩往往利用率不高,所以造成燃油汽车停车更加困难、充电桩闲置的问题,容易带来社会舆论压力,不利于电动汽车充电桩的推广建设。

(2)充电站的运营问题:分散在停车场的充电桩目前功能比较单一,一般是通过充电来实现盈利,因此对于电动汽车用户来说,充电价格往往会比实际电价高出一倍或者数倍。相比于充电桩的投资成本来说,回本时间长,这也影响了民间资本投资建设充电桩的积极性。

(3)充电安全问题:停车场模式下的充电桩往往建设标准不统一,充电功率大,电网负荷大,安全隐患更高。

(4)充电带来的交通问题:停车场出入口的设置会降低路段的通行能力,随着出入停车场车辆的增多,路段通行能力降低幅度增大,容易带来交通拥堵问题。停车场充电桩的布设会吸引大量电动汽车前来充电,无疑会加剧停车场出入口设置路段及周边道路的交通问题。

虽然目前充电桩主流建设模式存在许多问题,但因用地的限制,且从充电便捷性来看,在停车场划分一定的充电桩位依旧是必要的。本章对充电桩建设模式的假设是:在现有停车场的基础上划分一定的停车位用来建设充电桩,若在此模式上不能满足电动汽车的充电需求再建设集中式充电站。

3.2 基于 Agent 的电动汽车停车充电仿真系统设计

3.2.1 基本假设

停车系统仿真的建模基于如下假设。

(1)信息感知:所有用户均能获取良好的道路交通信息,如道路饱和度、行程时间等。

（2）出行需求：各起讫点之间的实时 OD 矩阵已知。

（3）充电站场所：假设所有的路外公共停车场均配建一定数量的充电桩供充电使用，且均对外开放，私人充电桩和住宅区充电桩不在本节的充电场所考虑范围内。

（4）路径规划：驾驶员根据实时的道路饱和度计算阻抗，进而进行路径决策。

（5）充电选择：本节仅将电动汽车剩余电量以及停车时间作为充电选择的依据，车辆剩余电量以及停车时间的分布已知。

（6）充电行为：假设快速充电桩仅供充电，即车辆充满即走，或充满前离开；慢速充电桩兼顾充电和停车两种需求，即充满后依旧可以停车。

3.2.2　基本属性设计

Agent 仿真系统主要由私人电动汽车 Agent、运营电动汽车 Agent、燃油汽车 Agent、路网 Agent、充电站 Agent 构成。各个 Agent 之间的互动与决策关系如图 3-3 所示。

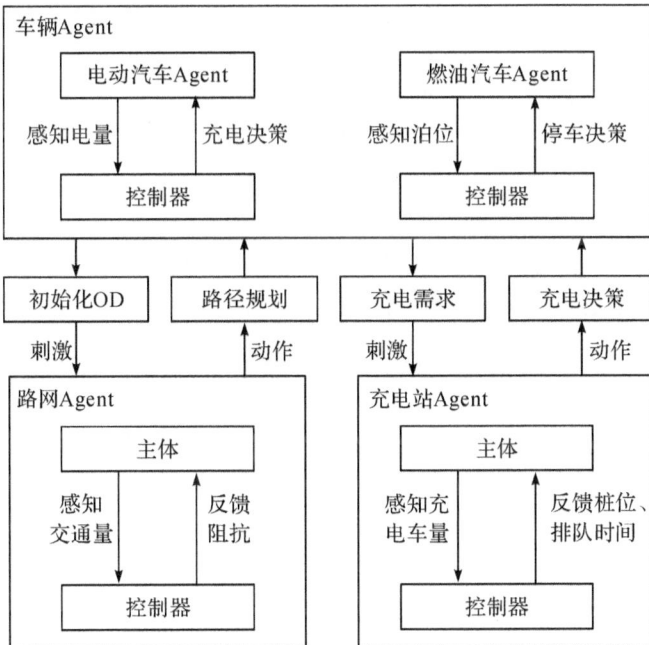

图 3-3　电动汽车充电 Agent 仿真系统构建

车辆 Agent 由私人电动汽车 Agent、运营电动汽车 Agent、燃油汽车 Agent构成。私人电动汽车 Agent 在出行决策中首先考虑的是自己的出行目的地，根据充电 Agent 反馈的剩余充电桩位选择费用最小的充电站进行充电。运营电动汽车 Agent 在充电决策中首要考虑的是剩余电量，当其电量小于充电下限阈值时则选择最近充电站进行充电。燃油汽车 Agent 主要考虑其目的地，且主要考虑其停车行为。

路网 Agent 主要考虑各个路段上的交通量大小，通过计算其饱和度、行程时间等数据，对车辆 Agent 的路径决策起重点作用。

充电站 Agent 主要感知某一具体时刻在充电车辆以及预测未来一段时间内充电桩的桩位利用率，进而计算车辆的排队时间，为电动汽车的充电提供决策依据。

针对电动汽车 Agent、燃油汽车 Agent、路段 Agent、充电站 Agent，我们分别设计了一些属性，具体属性如表 3-1 至表 3-4 所示。

表 3-1 路段 Agent 基本属性设计

属性类别	符号	含义
基本属性	ID_s	路段编号
	O_s	路段起始节点编号
	D_s	路段终止节点编号
	L_s	路段长度
交通流属性	C_s	路段通行能力
	q_s	路段实际交通量
	v_s	路段的旅行速度
	t_s	路段的旅行时间

表 3-2 燃油汽车 Agent 基本属性设计

属性类别	符号	含义
基本属性	ID_c	进入路网的车辆编号
	O_c	车辆的起点
	D_c	车辆的终点
	P_c	车辆的目标停车场
	d_c	车辆的预计停车时长
	PC_c	车辆的目标停车场相邻交叉口

续表

属性类别	符号	含义
空间位置属性	A_c	车辆已过交叉口
	B_c	车辆的下一个交叉口
	C_c	车辆的下下个交叉口
	F_c	车辆在路段的位置(距离下一个节点的距离)
标签属性	f_c^{topc}	车辆没有到达停车场前的交叉口为 0,反之为 1
	f_c^{park}	车辆得到车位为 1,反之为 0
	f_c^{wait}	车辆在排队等待中为 1,反之为 0
时间点属性	t_c^{birth}	车辆生成时刻
	t_c^{arrive1}	初次到达某个停车场时刻
	t_c^{arrive2}	最后到达某个停车场时刻
	t_c^{park}	获取泊位的时刻
时间统计属性	tt_c	行驶时间
	tw_c	等待时间
	ts_c	搜寻时间
	tk_c	步行时间
	t_c	总时间
	f_c^p	实际停车时长收取费用
	f_c	总停车费用
其他统计属性	K_c	车辆行驶的总里程
	pass_c	车辆排除的停车场编号

表 3-3　电动汽车 Agent 属性

属性类别	符号	含义
基本属性	ID_c	进入路网的车辆编号
	$\text{EC}_{\text{proportion}}$	电动汽车比例
	O_c	车辆的起点
	D_c	车辆的终点
	P_c	车辆的目标停车场
	d_c	车辆的预计停车时长
	PC_c	车辆的目标停车场相邻交叉口

属性类别	符号	含义
充电属性	SOC_i	电动汽车初始电量
	SOC_min	充电下限阈值
	SOC_max	充电上限阈值
	Xf_EC	私人电动汽车为1,运营电动汽车为2,否则为0
	Xf_fast	车辆是快充为1,反之为0
	Xf_slow	车辆是慢充为1,反之为0
	X_FT	预计快充至充满时间
	X_ST	预计慢充至充满时间

注:其他基本属性、空间属性、时间点属性同燃油车辆。

表 3-4　充电站 Agent 属性设计

属性类别	符号	含义
基本属性	ID_p	停车场(充电站)编号
	f_p	停车收费
泊位属性	C_p	停车场的总容量
	x_p	停车场的实际停车数
	o_p	停车场的泊位占有率
充电桩属性	Fast_P	快充充电桩数量
	Slow_P	慢充充电桩数量
排队属性	l_p	停车场的实际排队长度
	m_p	停车场的最大忍受排队长度
	$queue_p$	停车场的排队序列
停车选择属性	t_p^{search}	停车场的预计巡游时间
	t_p^{wait}	停车场的预计排队等待时间
其他属性	d_p	停车场驶离率

3.2.3　充电需求预测

构建的 Agent 仿真系统可以实现充电需求预测、充电信息发布、路径规划等功能。

充电需求预测的思路是根据电动汽车的出行 OD 数据、出行电量、出行目的(反映在停车时长),计算每个停车场满足所有电动汽车充电所需的慢速充电桩、快速充电桩的数量。详细预测步骤如图 3-4 所示。

開始

出行OD矩阵、电动汽车SOC、路网、停车场初始化

指定车辆输入分布、电动汽车比例
SOC_min,SOC_max，停车时长分布

当前迭代次数m=1

按既定概率生成车辆进入路网

判断车辆位置

位于停车场前　位于道路路段上　位于交叉口

SOC判断

SOC≤SOC_min　SOC_min<SOC<SOC_max　SOC≥SOC_max

SOC<SOC_max　否

是

SOC<SOC_min　否

停车时长>快充时长
否　　是

是

选择快速充电　选择慢速充电　选择非充电停车位

基于效用函数选择
停车场进行充电　按既定路线
行驶

更新停车场不同类型充电桩位数量

统计停车场充电负荷、充电桩位所占比例

m≤最大迭代数　是　m=m+1

否

仿真结束、统计分析

結束

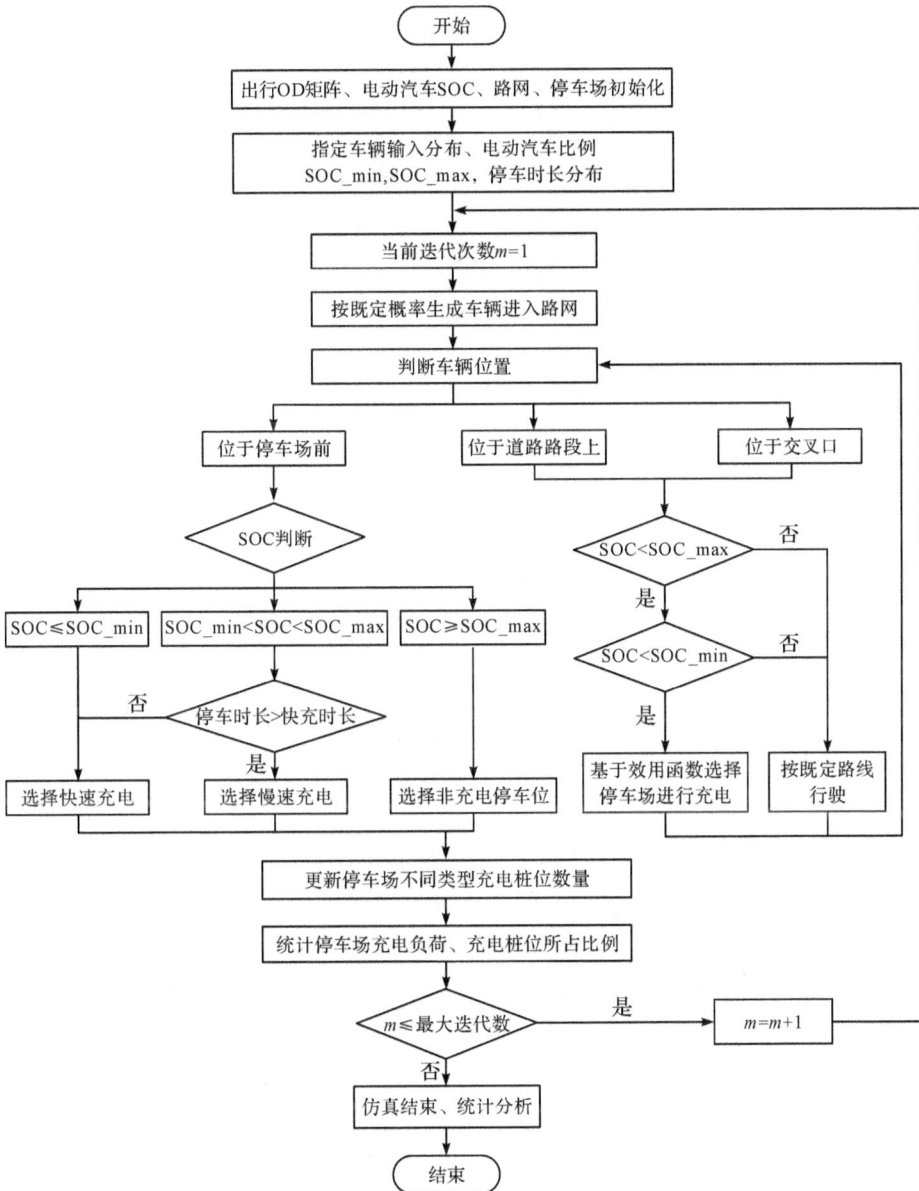

图 3-4　充电需求预测思路

1.相关参数初始化

(1)仿真路网参数初始化

路段:初始化路段集合 S,各类节点之间的连接属性、距离、道路等级,自由流速度 v_s^0,通行能力 C_s,初始化交叉口节点集合 C。

路阻:加载各路段初始流量 $q_s(0)$,利用 BPR 函数计算初始路网各路段的行程速度 $v_s(0)$、行程时间 $t_s(0)$,其计算如下:

$$v_s(0) = \frac{v_s^0}{1 + \alpha_s \left[\dfrac{q_s(0)}{C_s} \right]^{\beta_s}} \tag{3-1}$$

$$t_s(0) = \frac{l_s}{v_s(0)} \tag{3-2}$$

式中,α_s、β_s 为路段 s 的 BPR 函数参数,l_s 为路段 s 的长度。

(2)出行 OD 数据初始化

根据起始节点(出发地)集合 O 和终止节点(目的地)集合 D,采用迪杰斯特拉算法进行初步路径规划。

(3)充电站和停车场参数初始化

充电站和停车场参数包括各停车场的位置 P_i、容量 C_p、快速充电桩数量 $N_{\mathrm{fast}}(P_i)$、慢速充电桩数量 $N_{\mathrm{slow}}(P_i)$、普通停车位数量 $N_{\mathrm{com}}(P_i)$、距离目的地之间的距离 $L_{p \to c}$。

(4)车辆生成及初始化

根据出行化 OD 数据,随机生成车辆 Agent 进入路网,ID_c 为该车辆编号、O_c 为车辆起点、D_c 为车辆终点、t_c^{birth} 为车辆的生成时刻,由起点与路网交叉口的邻接关系确定车辆即将经过的交叉口 B_c。

在生成的车辆中,随机抽取一定比例的车辆作为充电车辆,充电汽车标签 f_c 为 1,非充电车辆标签 f_c 为 0,同时赋予充电车辆一个初始电量 SOC_i。

(5)充电属性初始化

初始化电动汽车比例以及所有汽车的停车时长分布,初始化电动汽车的充电下限阈值 SOC_min,该值的含义是电动汽车的电量若低于此值则需立即寻找充电站充电;初始化充电上限阈值 SOC_max,该值的含义是电动汽车电量若高于此值则不需要充电。

(6)仿真环境参数初始化

仿真环境参数包括仿真时长 24h,仿真间隔 $\Delta t = 1\mathrm{min}$,当前迭代次数 m

＝1，最大迭代次数 M＝1440。

2. 判断电动汽车车辆位置、剩余电量，进行充电决策

(1) 车辆位置、剩余电量判断

对于路网上的每辆车，其在路网上的位置一般有三种状态：在道路路段上、位于道路交叉口和位于停车场前。在每一步仿真中对车辆的位置以及剩余电量进行判断。

(2) 停车场前的充电决策

车位于停车场前，对其电量 SOC_i 进行判断，若电量低于充电下限阈值 SOC_min，则车辆选择快速充电，该停车场快速充电桩需求量增加 1，即：

$$N_{fast}(P_i) = N_{fast}(P_i) + 1 \qquad (3\text{-}3)$$

若电量 SOC_i 大于充电下限阈值 SOC_min 但小于充电上限阈值 SOC_max，则对该车辆的停车时间和预计快充至充满时间进行比较，在快速充电充满即走的规则假设条件下进行决策。

若停车时间大于预计快充至充满时间，则车主为避免再次挪动车位，选择慢速充电，该停车场慢速充电桩需求量增加 1。

若停车时间小于快充至充满时间，则假定车主选择快速充电，此时该停车场快速充电桩需求量增加 1，即：

$$X\_FT_i = \frac{(100 - SOC_i) \cdot T_i}{100} \qquad (3\text{-}4)$$

式中，X_FT_i 为电动汽车预计快充至充满时间，SOC_i 为该辆汽车的剩余电量，T_i 为该辆汽车从零电量快充至充满理论时长。假设 d_i 为该辆汽车停车时长，有：

若 $X\_FT_i > d_i$，则

$$N_{slow}(P_i) = N_{slow}(P_i) + 1 \qquad (3\text{-}5)$$

若 $X\_FT_i < d_i$，则

$$N_{fast}(P_i) = N_{fast}(P_i) + 1 \qquad (3\text{-}6)$$

若电量 SOC_i 大于充电上限阈值 SOC_max，则车辆选择不充电，此时普通停车位数量增加 1，即：

$$N_{com}(P_i) = N_{com}(P_i) + 1 \qquad (3\text{-}7)$$

(3) 道路路段上和交叉口处的充电决策

当车辆位于道路路段上或者交叉口时，对电动汽车电量进行判断，若电

量大于充电下限阈值 SOC_min,则车辆按既定路线行驶至初始目的地;若电量小于充电下限阈值 SOC_min,则车主基于负效用函数选择停车场进行充电。停车选择模型考虑因素包括行程时间、步行距离、停车费用等,负效用函数的计算表示如下:

$$U_{bpc}^r(m) = a_1 \cdot t_{bp}(m) + a_2 \cdot d_{pd} + a_3 \cdot f_p + a_4 \cdot \zeta \qquad (3\text{-}8)$$

式中,$U_{bpc}^r(m)$ 表示预约车辆 c 从当前交叉口 b 到停车场 p 在第 m 次迭代中的停车选择效用,$t_{bp}(m)$ 为第 m 次迭代中从当前交叉口 b 到停车场 p 的最短行驶时间[由 Dijkstra 算法(乐阳,龚健雅,1999)求解得出],d_{pd} 为从停车场 p 到目的地 d 的步行距离,f_p 为停车费用,ζ 为随机项,a_1、a_2、a_3、a_4 分别为各因素的重要系数,且 a_1、a_2、a_3、a_4 均小于 0。

3. 车辆驶离,充电桩需求量更新

对于快速充电车辆,当电量充满即驶离,此时更新停车场快速充电桩需求数量,即:

$$N_{\text{fast}}(P_i) = N_{\text{fast}}(P_i) - 1 \qquad (3\text{-}9)$$

对于慢速充电车辆,依据初始的停车时长,在停车时长结束时驶离,此时更新停车场慢速充电桩需求量,即:

$$N_{\text{slow}}(P_i) = N_{\text{slow}}(P_i) - 1 \qquad (3\text{-}10)$$

4. 迭代完成,对停车场充电需求进行统计分析

当 $m=1440$ 时,仿真结束,对快速充电和慢速充电需求量进行统计。

3.2.4　充电信息发布

与充电需求预测不同的是,充电信息发布需考虑停车场充电桩数量的限制,根据电动汽车的初始 OD 数据以及电量进行充电决策。对于停车场,则统计充电桩占有率,以及对电动汽车的充电时间进行预测,进而预判未来一段时间内充电桩占有率,在下一节我们将会详细考虑在充电桩可预约和不可预约的条件下充电桩的具体效益。

我们假设充电桩的充电信息可以实时发布给电动汽车,为电动汽车的充电决策、路径规划提供参考。

3.2.5　路径规划

充电需求预测可用来辅助充电站的充电桩的容量设置,根据预测得到

的需求量,再结合停车场的实际情况,可计算停车场实际布设的充电桩数量。因此在考虑充电桩数量限制的基础上,可根据充电站剩余充电桩数量或者预计排队时间为电动汽车重新进行路径规划,路径规划的前提条件基于所有充电站充电信息共享。

1.计算剩余电量是否满足下一次出行需求

根据出行 OD 数据,计算剩余电量是否满足下一次出行需求,若不满足,则寻找最近充电站进行充电;若满足,则搜寻 D 点附近停车场 ID_p。转至步骤 2(因为电动汽车在目标停车场仍可以充电,因此满足下一次出行需求指到达目标停车场后剩余电量仍大于 0)。

2.目的地充电决策

计算电动汽车到达目的地后的剩余电量,结合停车时长分布,对电动汽车选择做出判断,判断原理同本书 3.2.3 节的步骤 2。

3.目标停车场充电桩利用率计算

对充电站 ID_p 的充电桩利用率进行计算,若充电桩还有剩余,则根据考虑路阻后的 Dijkstra 算法进行路径规划。若充电桩没有剩余,则转至步骤 4。

4.充电诱导

在目标停车场没有充电桩位的条件下,搜寻最近有剩余桩位的停车场,以时间作为优化目标,若导航至有剩余充电桩的停车场的行驶时间和该停车场至目标停车场之间的步行时间之和小于预计排队时间,则导航至该停车场;否则导航至目的地最近停车场。

3.2.6　案例分析

以杭州市典型 CBD 武林商圈为仿真对象,通过构建 Agent 仿真模型,计算各个停车场充电站在不同电动汽车比例的情况下的充电需求。

1.路网 Agent 初始化

武林商圈是杭州市中心城区的核心区,是以商业、办公、文化娱乐及高端居住功能为主的杭州现代商业购物中心,是文化和信息中心及公共交通枢纽集散中心,其位置如图 2-4 所示,抽象的仿真路网拓扑如图2-5所示。

仿真路网包含 4 个出发点、4 个目的地、18 个交叉口、9 个路外停车场、

54 条路段。各交叉口连通情况如矩阵表 3-5 所示,矩阵中 0 表示不相邻,具体数值表示相邻交叉口的编号。

路段上数字为路段编号,各路段的长度如矩阵表 3-6 所示,数值表示路段相邻交互口之间的长度。0 表示两个交叉口不相邻,不在最短路径计算算法中。各路段的初始流量如表 3-7 所示。

表 3-5 交叉口连接情况

Seg_CC=

0	2	0	0	7	0	0	0	0	0	0	0	0	0	0	0	0	0
1	0	4	0	0	9	0	0	0	0	0	0	0	0	0	0	0	0
0	3	0	6	0	0	0	11	0	0	0	0	0	0	0	0	0	0
0	0	5	0	0	0	0	0	13	0	0	0	0	0	0	0	0	0
8	0	0	0	0	16	0	0	0	23	0	0	0	0	0	0	0	0
0	10	0	0	15	0	18	0	0	0	25	0	0	0	0	0	0	0
0	0	0	0	0	17	0	20	0	0	0	27	0	0	0	0	0	0
0	0	12	0	0	0	19	0	22	0	0	0	29	0	0	0	0	0
0	0	0	14	0	0	0	21	0	0	0	0	0	31	0	0	0	0
0	0	0	0	24	0	0	0	0	0	34	0	0	0	41	0	0	0
0	0	0	0	0	26	0	0	0	33	0	36	0	0	0	0	0	0
0	0	0	0	0	0	28	0	0	0	35	0	38	0	0	43	0	0
0	0	0	0	0	0	0	30	0	0	0	37	0	40	0	0	45	0
0	0	0	0	0	0	0	0	32	0	0	0	39	0	0	0	0	47
0	0	0	0	0	0	0	0	0	42	0	0	0	0	0	50	0	0
0	0	0	0	0	0	0	0	0	0	0	44	0	0	49	0	52	0
0	0	0	0	0	0	0	0	0	0	0	0	46	0	0	51	0	54
0	0	0	0	0	0	0	0	0	0	0	0	0	48	0	0	53	0

表 3-6 路段长度

Len_CC=

0	250	0	0	220	0	0	0	0	0	0	0	0	0	0	0	0	0
250	0	890	0	0	290	0	0	0	0	0	0	0	0	0	0	0	0
0	890	0	410	0	0	0	400	0	0	0	0	0	0	0	0	0	0
0	0	410	0	0	0	0	0	475	0	0	0	0	0	0	0	0	0
220	0	0	0	0	340	0	0	0	900	0	0	0	0	0	0	0	0
0	290	0	0	340	0	480	0	0	0	820	0	0	0	0	0	0	0
0	0	0	0	0	480	0	340	0	0	0	710	0	0	0	0	0	0
0	0	400	0	0	0	340	0	380	0	0	0	630	0	0	0	0	0
0	0	0	475	0	0	0	380	0	0	0	0	0	570	0	0	0	0
0	0	0	0	900	0	0	0	0	0	350	0	0	0	560	0	0	0
0	0	0	0	0	820	0	0	0	350	0	270	0	0	0	0	0	0
0	0	0	0	0	0	710	0	0	0	270	0	510	0	0	620	0	0
0	0	0	0	0	0	0	630	0	0	0	510	0	230	0	0	730	0
0	0	0	0	0	0	0	0	570	0	0	0	230	0	0	0	0	735
0	0	0	0	0	0	0	0	0	560	0	0	0	0	0	500	0	0
0	0	0	0	0	0	0	0	0	0	0	620	0	0	500	0	555	0
0	0	0	0	0	0	0	0	0	0	0	0	730	0	0	555	0	190
0	0	0	0	0	0	0	0	0	0	0	0	0	735	0	0	190	0

表 3-7　路段初始流量加载

$$
base\_vol\_CC =
\begin{bmatrix}
0 & 850 & 0 & 0 & 1000 & 0 & 850 & 0 & 0 & 0 & 0 & 0 & 1150 & 0 & 0 & 0 & 0 & 0 & 0 & 0 \\
1000 & 0 & 900 & 0 & 0 & 0 & 0 & 1300 & 0 & 0 & 0 & 800 & 0 & 1450 & 0 & 0 & 0 & 0 & 0 & 0 \\
0 & 1050 & 0 & 1100 & 0 & 1050 & 0 & 0 & 1050 & 0 & 0 & 0 & 0 & 0 & 1200 & 0 & 950 & 1050 & 0 & 0 \\
0 & 0 & 900 & 0 & 0 & 0 & 0 & 0 & 0 & 1100 & 1150 & 0 & 0 & 0 & 0 & 0 & 0 & 0 & 0 & 0 \\
1100 & 800 & 0 & 0 & 0 & 1050 & 0 & 1350 & 0 & 0 & 0 & 0 & 0 & 0 & 0 & 0 & 0 & 0 & 0 & 0 \\
0 & 0 & 0 & 0 & 1100 & 0 & 1300 & 0 & 1400 & 0 & 0 & 800 & 0 & 0 & 0 & 0 & 0 & 0 & 0 & 0 \\
0 & 0 & 0 & 0 & 0 & 1350 & 0 & 0 & 0 & 1150 & 1200 & 0 & 0 & 850 & 0 & 900 & 0 & 0 & 800 & 0 \\
0 & 0 & 1000 & 0 & 0 & 0 & 1400 & 0 & 1200 & 0 & 0 & 0 & 0 & 0 & 1200 & 0 & 0 & 1100 & 0 & 1000 \\
0 & 0 & 0 & 0 & 1000 & 0 & 0 & 750 & 0 & 0 & 0 & 1050 & 1000 & 0 & 0 & 900 & 0 & 0 & 1100 & 0 \\
0 & 0 & 0 & 0 & 0 & 750 & 0 & 1400 & 0 & 0 & 0 & 0 & 0 & 0 & 0 & 0 & 1100 & 0 & 0 & 1000 \\
0 & 0 & 0 & 0 & 0 & 0 & 0 & 0 & 0 & 1000 & 0 & 0 & 1000 & 0 & 1000 & 0 & 0 & 800 & 900 & 0 \\
0 & 0 & 0 & 0 & 0 & 0 & 0 & 0 & 0 & 0 & 1000 & 0 & 0 & 0 & 0 & 0 & 0 & 0 & 0 & 1050 \\
0 & 0 & 0 & 0 & 0 & 0 & 0 & 0 & 0 & 0 & 0 & 1050 & 0 & 800 & 1000 & 1000 & 850 & 1050 & 900 & 1100 \\
0 & 0 & 0 & 0 & 0 & 0 & 0 & 0 & 0 & 0 & 0 & 0 & 0 & 0 & 0 & 0 & 0 & 0 & 0 & 0 \\
\end{bmatrix}
$$

2.车辆 Agent 初始化

(1)车辆 OD 数据初始化

由于现状 OD 数据较难获取,假定 4 个起讫点之间在高峰时小汽车出行 OD 矩阵如表 3-8 所示。

表 3-8　车辆初始 OD 矩阵

O	D1	D2	D3	D4
O1	150	250	150	150
O2	150	250	150	150
O3	150	250	200	150
O4	150	250	150	150

为仿真 OD 矩阵的实时变化,根据私家车辆的出行特征,我们用分段函数 $f(m)$ 对私家车的出行 OD 进行调整动态调整,调节函数曲线图如图 3-5 所示。

$$f(m) = \begin{cases} (m+60) \cdot \dfrac{0.04}{60}, & m < 360 \\[2mm] 0.66 \cdot \sin\left(\dfrac{m}{750}\pi - \dfrac{\pi}{2}\right) + 0.24, & 360 \leqslant m \leqslant 1080 \quad (3\text{-}11) \\[2mm] \dfrac{0.0005(1080-m) + 0.274}{60}, & 1080 < m \leqslant 1440 \end{cases}$$

$$OD_m = OD \cdot \frac{f(m)}{60} \qquad (3\text{-}12)$$

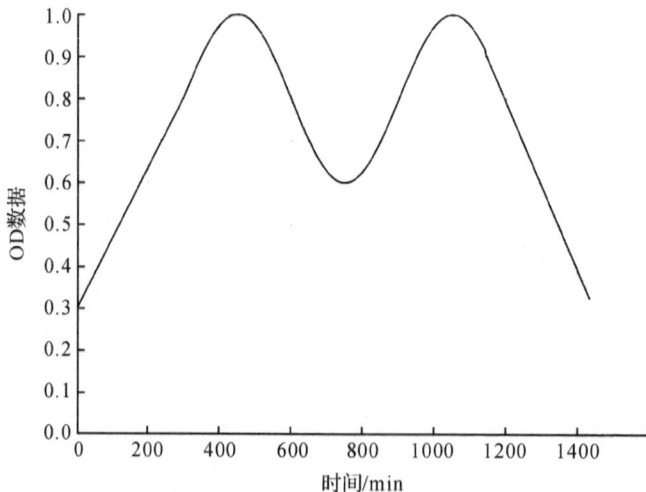

图 3-5　车辆出行动态 OD 调节函数

（2）充电参数初始化

充电负荷分布：假定电动汽车车辆起始剩余电量服从均值为 50%、方差为 25% 的正态分布，则

$$\mathrm{SOC_{car}}(m) = \frac{1}{\sqrt{2\pi \cdot 0.25}} \exp\left(-\frac{(m-0.5)^2}{2 \cdot 0.25^2}\right) \qquad (3\text{-}13)$$

停车时长分布：假定车辆的停车时长服从均值为 120min、方差为 80min 的正态分布，即：

$$\mathrm{PT}(i) = \frac{1}{\sqrt{2\pi \cdot 80}} \exp\left(-\frac{(i-120)^2}{2 \cdot 80^2}\right) \qquad (3\text{-}14)$$

充电选择相关参数：电动汽车充电下限阈值 SOC_min=0.3，充电上限阈值 SOC_max=0.7。

3. 充电站 Agent 初始化

（1）停车场充电站泊位初始化

各停车场停车泊位总容量：

$$\mathrm{Cap\_P} = [200, 180, 150, 160, 180, 150, 150, 200, 200]$$

各停车场初始停车数：

$$\mathrm{vol\_P} = [40, 45, 30, 55, 55, 55, 55, 55, 55]$$

（2）停车场充电站与各目的地之间的距离

各停车场充电站与目的地之间的距离如表 3-9 所示。不同目的地周围停车场数量与充电桩数据存在差异，这也为充电和停车提供了多种选择。

表 3-9　充电站与各目的地之间距离　　　　　　　　　　（单位：m）

P	D1	D2	D3	D4
P1	430	1250	1250	1880
P2	400	400	1050	1470
P3	700	250	1500	700
P4	250	440	520	1070
P5	1100	80	1320	370
P6	450	1220	190	730
P7	620	300	420	130
P8	690	1290	320	780
P9	1010	680	510	310

4.仿真结果分析

根据前面的参数设计,对 9 个停车场充电桩的充电需求进行预测,分析在不同电动汽车保有量的条件下各个充电站的充电需求以及各充电站全天累积服务充电车辆数。

在电动汽车比例为 10% 的条件下分别统计 9 个停车场快速充电桩和慢速充电桩以及普通停车位的动态需求量(见图 3-6 和图 3-7)。

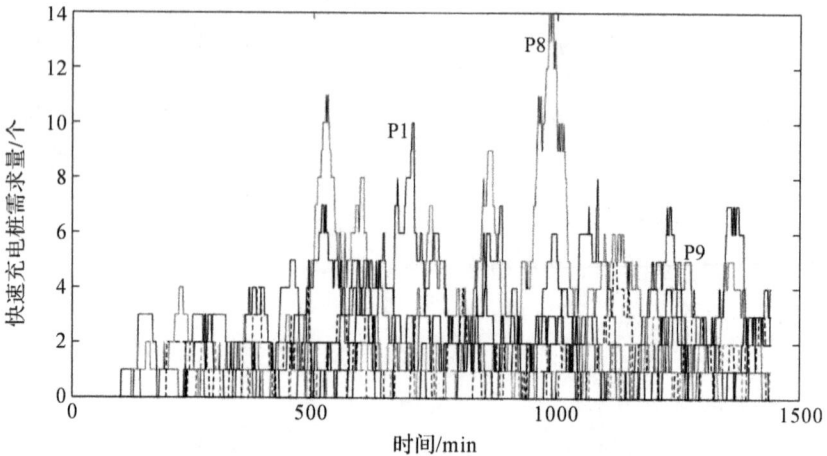

图 3-6　各停车场快速充电桩需求

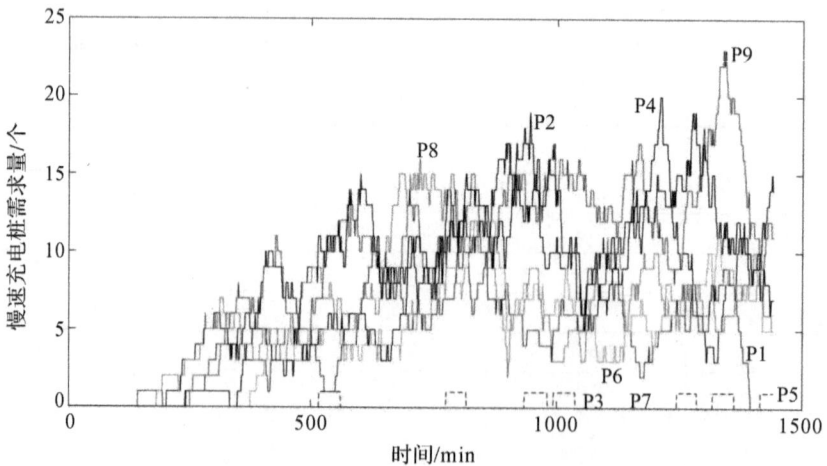

图 3-7　各停车场慢速充电桩需求

（1）充电桩需求量

图 3-6 和图 3-7 中横坐标的坐标原点为凌晨 0 时，步长为 1min，共仿真 24h（1440 步）。通过 Agent 仿真的手段，可以考虑电动汽车随机到达对充电需求的影响。

区域总需求量：9 个停车场最大快速充电桩需求量总计为 52 个，慢速充电桩最大需求量总计为 101 个。慢速充电桩的需求数量大于快速充电桩的需求数量。

各个停车场充电桩需求量：不同停车场快速充电桩的需求和慢速充电桩的需求存在较大差异。快充需求最大的是 8 号停车场和 1 号停车场，慢充需求最大的是 9 号停车场和 2 号停车场。

（2）充电桩全天累积服务量

统计每个停车场充电桩全天的充电服务车辆数，从而分析停车场充电站的热度，从图 3-8 和图 3-9 可以得出：

①快速充电服务量从大到小排列依次是 8,1,9,4,5,2,6,7,3。

②慢速充电服务量从大到小排列依次是 9,2,4,1,8,6,5,7,3。

③3 号停车场和 7 号停车场快速充电和慢速充电全天服务数量皆较少，9 号停车场两种需求均较大。各停车场充电在快充和慢充的需求方面存在巨大差异，因此从社会效益、排队时间的角度出发，有较大的布局优化空间。

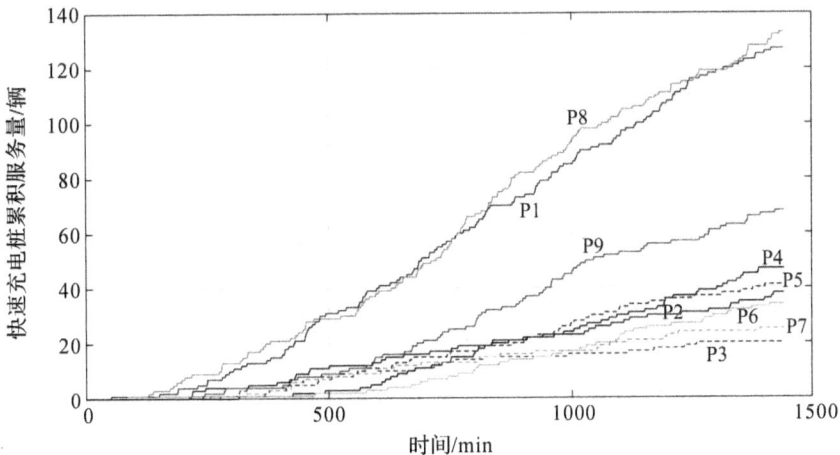

图 3-8　快速充电桩全天累积服务量

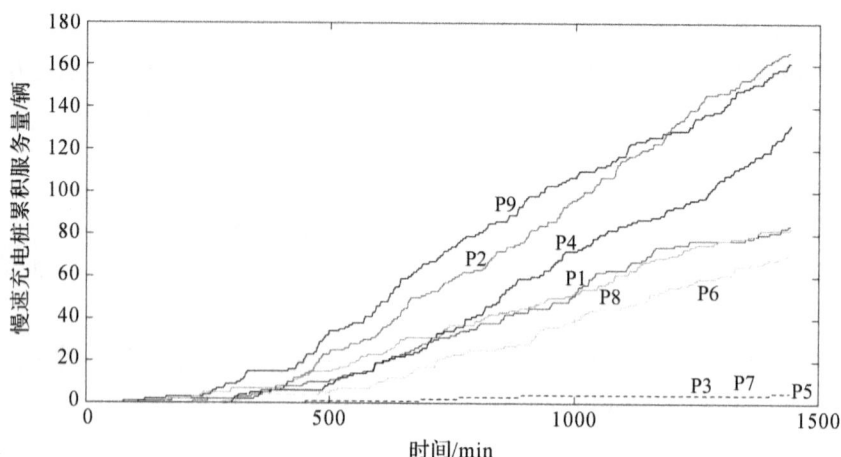

图 3-9　慢速充电桩全天累积服务数量

④快速充电桩全天累积服务总量为 542 辆,慢速充电桩全天累积服务总量为 699 辆。虽然从规划者的角度来看,他们希望布置更多的快速充电桩,但从实际的需求角度来看,慢速充电桩的需求要远大于快速充电桩的需求。

(3)燃油汽车泊位需求量及全天累积服务量

表 3-10 罗列了各个停车场充电站的普通停车位、快速充电桩、慢速充电桩最大需求量,同时计算停车场容量与三种车位需求的差值。结合图 3-11 和图 3-11 可以得出:

①1 号停车场和 8 号停车场停车需求远大于其他停车场停车需求。

表 3-10　各停车场充电桩需求和普通停车位需求　（单位:辆）

停车场 ID	停车位最大需求	快充需求	慢充需求	停车位容量	差值
1	276	10	10	200	−96
2	71	4	19	180	86
3	68	3	0	150	79
4	64	4	20	160	72
5	70	5	1	180	104
6	54	3	12	150	81
7	12	3	0	150	135
8	288	14	16	200	−118
9	96	6	23	200	75

②各停车场停车位容量与三种车位需求量存在较大差异,1 号停车场缺

口最大,其次为 8 号停车场,其他 7 个停车场停车位有盈余。

③3 号停车场和 7 号停车场停车需求最小,与实际停车不同,本节得出的需求量为理论层面的最大需求量,即出行者选择理想的停车场。在实际生活中,由于各停车场冷热不均,某些用户因停车场无车位而不得不选择其他停车场。

④各停车场停车位的需求存在巨大差异,因此存在合理布局优化的空间。

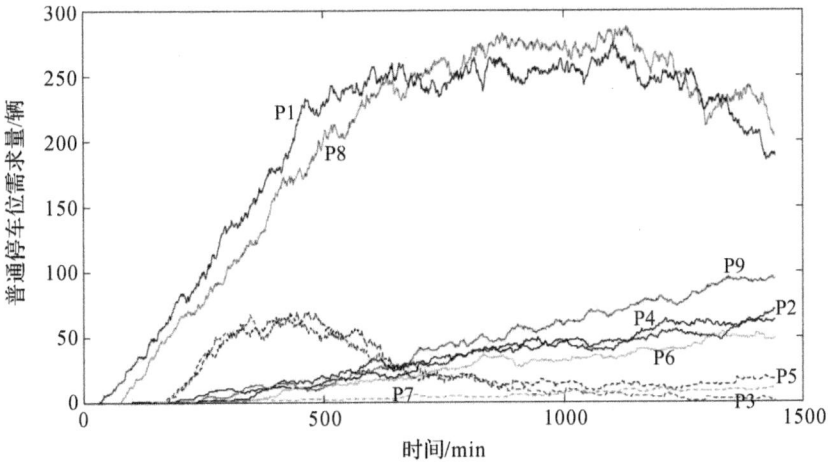

图 3-10　普通停车位需求量

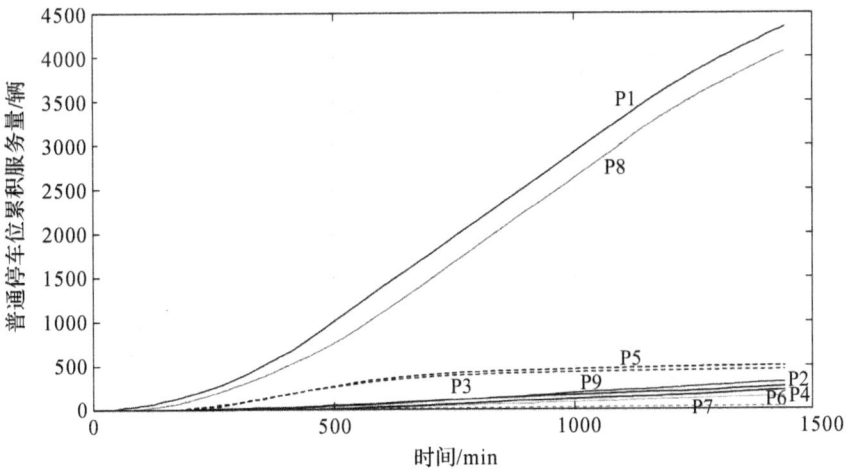

图 3-11　普通停车位全天累积服务量

3.3 基于遗传算法的 Agent 充电设施布局优化

目前充电桩的主流建设模式是在已有停车场基础上"一刀切"似的划分一定固定比例停车位用于建设充电桩。但由于未能准确地对区域充电需求进行预测,导致热门区域停车场往往无桩可充、冷门区域充电桩闲置浪费等问题,在现阶段充电桩的配置与燃油汽车的"停车难"产生矛盾。

上一节我们基于电动汽车的起始电量分布、出行 OD 数据、停车时长分布,求得了各个停车场充电桩需求量。但在实际情况中,参照表 3-10,可知对于热门停车场,如 8 号停车场,在电动汽车比例为 10% 的条件下,充电桩总需求量最大值为 30 个,同时停车需求也是极大的 288 个,停车场容量只有 240 个泊位。对于冷门停车场,如 7 号停车场,充电桩需求量为 3 个,停车位需求量为 12 个。造成 7 号停车场充电需求和停车需求皆很低的原因是,尽管 7 号停车场可以同时为 D3 目的地和 D4 目的地服务,但 5 号停车场离 D3 目的地更近,9 号停车场距离 D4 目的地更近。在实际过程中,如果 5 号停车场或者 9 号停车场排队车辆过多,转移至 7 号停车场是一种可选方案。

也正是因为不同停车场充电桩的充电需求存在巨大差异,对充电桩在区域的布局进行优化就显得非常有必要。因此本节基于上一节充电需求预测结论,同时考虑停车场的容量设置,构建以使驾驶员出行至目的地时间最短为优化目标的函数,对充电设施的布局进行优化。

3.3.1 基本假设

本章同样采用 Agent 仿真的方法对充电设施的布局进行优化,构建由车辆 Agent、路网 Agent、充电站 Agent 组成的仿真系统。

模型将基于以下假设条件。

(1)信息感知:所有用户均能获取良好的道路交通信息,如道路饱和度、行程时间等,另外所有用户也能获取各个停车场停车泊位使用率和充电桩使用率信息。

(2)出行需求:各起讫点之间的实时 OD 矩阵已知。

（3）充电站场所：假设所有的路外公共停车场均配建一定数量的充电桩供充电使用，且均对外开放，私人充电桩和住宅区充电桩不在本节的充电场所考虑范围内。

（4）路径规划：驾驶员根据实时的道路饱和度计算阻抗，进而进行初始路径决策，另外我们假设所有车辆可根据目标停车场的充电桩的信息进行路径调整。

（5）充电行为：假设快速充电桩仅满足充电需求，即车辆充满即走，或充满前离开；慢速充电桩兼顾充电和停车两种需求，即充满后依旧可以停车。

3.3.2　基本属性设计

各 Agent 基本属性同上节设计，本节加排队属性，如表 3-11 所示。

表 3-11　排队相关属性

属性类别	符号	含义
长度属性	length_FP	停车场快充排队长度
	length_SP	停车场慢充排队长度
	length_NP	燃油汽车排队长度
排队车辆 ID	queue_FP	快充排队的车辆 ID 合集
	queue_SP	慢充排队的车辆 ID 合集
	queue_NP	燃油汽车排队的车辆 ID 合集
充电车辆 ID	xulie_FP	停车场正在快充车辆 ID 合集
	xulie_SP	停车场正在慢充车辆 ID 合集
停车车辆 ID	xulie_NP	停车场正在停车车辆 ID 合集
初始容量	Cap_P	停车场总容量
	Cap_FP	快充桩数量
	Cap_SP	快充桩数量
	Cap_NP	停车位数量
实际使用数量	Vol_P	停车位和充电桩使用总量
	Vol_FP	快充桩使用数量
	Vol_SP	慢充桩使用数量
	Vol_NP	普通停车位使用数量

3.3.3　仿真关键技术

电动汽车充电设施布局优化技术路线如图 3-12 所示。

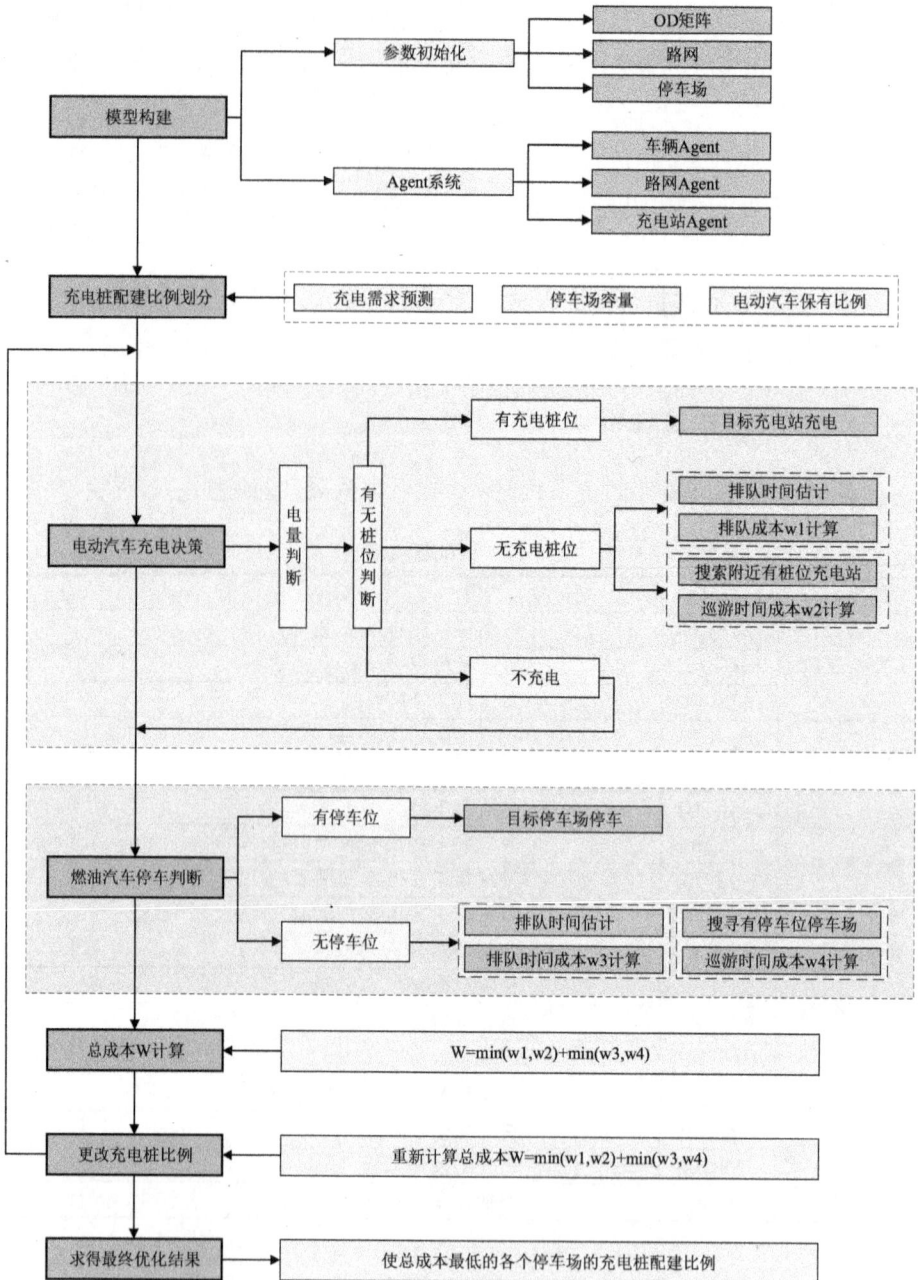

图 3-12 充电汽车充电设施优化布局技术路线

1. 参数初始化

参数初始化主要是对路网、停车场充电桩、出行 OD 数据、充电选择相关参数、车辆起始电量、停车时长分布进行初始化,初始结果同上一节"充电需求预测"。

2. 充电桩初始配建比例划分

根据上一节电需求预测算法得到各停车场快速充电桩和慢速充电桩的最大需求,结合停车场容量限制,划分各停车场充电桩初始比例。

3. 电动汽车充电决策

与充电需求不同的是,充电需求预测仅考虑电动汽车的电量和停车时间来进行快充、慢充或者不充的决策。在优化布局阶段,主要限制因素是充电站的容量限制。

首先对电动汽车剩余电量进行判断。

(1)SOC<SOC_min,剩余电量 SOC 小于充电下限阈值 SOC_min,电动汽车选择快速充电。

电动汽车前往目标停车场,到达停车场前进行充电桩位判断。若有快速充电桩,则车辆选择快速充电;若目标停车场无快速充电桩可用,则该车将有两种选择:①在目标停车场排队,此时需要计算快充排队车辆数以及预计排队时间;②选择附近有剩余充电桩的停车场进行充电。分别计算两种选择成本,选择成本最低的方案。

(2)SOC>SOC_max,剩余电量 SOC 大于充电上限阈值 SOC_max,则此时电动汽车无需充电,做出停车判断。

电动汽车前往目标停车场,到达停车场前进行充电桩判断。若有停车位,则在目标停车场进行停车;若无停车位,则该车将有两种选择:①在目标停车场排队,此时需要计算排队停车车辆数量以及预计排队时间;②选择附近有剩余停车位的停车场进行停车。分别计算两种选择成本,选择成本最低的方案。

(3)SOC_min<SOC<SOC_max,电量介于充电下限阈值 SOC_min 和充电上限阈值 SOC_max 之间,则用停车时长分布及充电站充电桩剩余数量来进行综合判断。

判断充电站是否有慢速充电桩,若有则选择慢速充电;若无慢速充电桩,则判断是否有普通停车位;若有,则选择普通停车位;若无,再判断是否有快速充电桩;若有,再根据停车时长进行判断,若停车时长小于快速充电充满时间,则选择快速充电;若停车时长大于快速充电至充满时间,此时有三种选择:①对慢速充电桩的排队时间进行估计;②对普通停车位的排队时间进行估计;③选择附近有剩余停车位的停车场进行充电或者停车。选择成本最低的方案。

4.燃油汽车停车决策

燃油汽车的停车决策主要依据停车场的容量设置。燃油汽车到达停车场前,判断是否有停车位,若有,则在目标停车场停车;若无,此时有两种选择:①在目标停车场排队,此时需要计算排队停车车辆数量以及预计排队时间;②选择附近有剩余停车位的停车场进行停车。分别计算两种选择成本,选择成本最低的方案。

5.更新排队车列

车辆根据时间成本最小做出选择后,更新停车场普通停车位、快速充电桩、慢速充电桩的占用数量、正在排队车辆数量,以及车辆 ID。对于停车完成和充电完成的车辆则从停车场中剔除,该车辆完成本次仿真。

6.求解目标函数

根据仿真车辆的选择,仿真步长为 1440 步,采用目标函数计算燃油汽车和电动汽车累积时间成本。

7.更改各停车场充电桩数量

划分各停车场充电桩配建比例上限,更改各停车场充电桩的数量,重复步骤 2—6,选择智能优化算法进行求解,当所有情况仿真后,目标函数最小值的充电桩配置方案即为所求结果。

3.3.4 目标优化策略

上一小节提出了车辆的充电选择策略,本小节将介绍充电决策和停车决策的选择依据,并构建目标函数进行求解。

在无充电桩时,车辆从在目标停车场进行排队和转移至新的停车场两种方案中进行选择,排队时间以符号 w_1 表示,转移至新的停车场用符号 w_2 表示,每种方案的时间成本计算方法如下。

1. 快速充电优化目标函数

(1)预计排队时间

对于快充,假设所有车辆在充满后即走,且每辆电动汽车充电至充满的时间是可预计的,假设第 i 辆电动汽车在某停车场排队充电,前方共有 N 辆汽车在排队,则预计排队时间的计算方法有以下两种。

(1)计算在充电动汽车从充电至充满的时间:

$$X\_FT_i = \frac{(100 - SOC_i) \cdot FT_i}{100} \tag{3-15}$$

式中,X_FT_i 为电动汽车预计快充至充满时间(单位:min);FT_i 为该辆汽车从零电量快充至充满理论时长(单位:min);SOC_i 为第 N 辆排队车辆到达时正在充电的第 i 辆车的实时电量。

对在充电动汽车充电时间从小到大进行排序,假设排在第 N 位的是第 c 辆车,则第 N 辆排队电动汽车的预计排队时间:

$$w_1\_Fast = X\_FT_c \tag{3-16}$$

(2)寻找新充电站时间成本

对于这种选择,车主的成本主要由两部分组成:第一部分是由目标停车场至新停车场的转移时间,第二部分是新停车场至目的地的步行时间。

①转移时间计算:假设所有充电站充电信息公开,则可以计算该车辆由目标停车场转移至有剩余充电桩的停车场时间。

首先计算目标停车场 i 至有充电桩的停车场之间的最短路径 L_{ij}(单位:m),然后用最短路径除以小汽车平均速度(单位:km/h):

$$T_{\text{transfer}}^{Nj} = \frac{L_{ij}}{V_0} \cdot \frac{60}{1000} \tag{3-17}$$

式中,T_{transfer}^{Nj} 为电动汽车 N 由 i 停车场转移至 j 停车场的时间(单位:min);L_{ij} 为 i 停车场转移至 j 停车场的最小阻抗路径;V_0 为该城市小汽车平均速度。

②步行时间计算:

$$T_{\text{walk}}^{Nj} = \frac{L_{Dj}}{60 \cdot V_{\text{walk}}} \tag{3-18}$$

式中,T_{walk}^{Nj} 为电动汽车 N 由 j 停车场步行至目的地的时间(单位:min);L_{Dj} 为 j

停车场至目的地的最短路径(单位:m);V_{walk}为司机平均步行速度(单位:m/s)。

③时间成本之和：

$$w_2\_Fast = T_{transfer}^{Nj} + \alpha \cdot T_{walk}^{Nj} = \frac{L_{ij}}{V_0} \cdot \frac{60}{1000} + \alpha \cdot \frac{L_{Dj}}{60 \cdot V_{walk}} \qquad (3-19)$$

式中，w_2_Fast为电动汽车N从目标停车场i转移至停车场j加司机步行回D目的地的总时间成本；α为步行阻抗系数。

考虑到机动车出行者步行意愿低，在步行时间前乘以一个步行阻抗系数以增加步行出行时间成本。

(3)目标函数

通过对比电动汽车排队时间成本和转移至新充电站停车场时间成本，选择成本最小的方案，具体公式如下：

$$W\_Fast = \min\left(\frac{(100-SOC_i) \cdot FT_i}{100}, \frac{L_{ij}}{V_0} \cdot \frac{60}{1000} + \alpha \cdot \frac{L_{Dj}}{60 \cdot V_{walk}}\right)$$

$$(3-20)$$

2.慢速充电优化目标函数

对于慢速充电来说，车辆在充满电后可依旧停放在充电桩上，车辆驶离的决定因素是初始的停车时长分布。假设第i辆电动汽车在某停车场排队充电，前方共有N辆汽车在排队，则预计排队时间的计算方法有以下两种。

(1)排队时间计算

①计算所有在慢速充电的电动汽车停车时间：

$$queue\_ST_c = Slow\_PT_c + arrive\_ST_c - m \qquad (3-21)$$

式中，$queue\_ST_c$为在慢速充电的电动汽车c离开充电站的时间；$Slow\_PT_c$为电动汽车c的初始停车时长；$arrive\_ST_c$为电动汽车c充电起始时刻；m为当前时刻。

②按离开时间从先到后进行排序：

$$Slow\_T = sort(queue\_ST_c) \qquad (3-22)$$

③电动汽车i的排队时间为排在第N位在充电动汽车离开时间：

$$w_1\_Slow = Slow\_T_c \qquad (3-23)$$

(2)寻找新充电站时间成本

同快速充电汽车转移至新停车场，电动汽车车主的成本主要由两部分组成:第一部分是由目标停车场至新停车场的转移时间,第二部分是新停车场至目的地的步行时间。两部分的计算公式同公式(3-17)和公式(3-18),总时间成本为:

$$w_2\_Slow = T_{transfer}^{Nj} + \alpha \cdot T_{walk}^{Nj} = \frac{L_{ij}}{V_0} \cdot \frac{60}{1000} + \alpha \cdot \frac{L_{Dj}}{60 V_{walk}} \qquad (3-24)$$

各符号含义同上。

(3)目标函数

通过对比电动汽车排队时间成本和转移至新充电站停车场时间成本,选择成本最小的方案,具体公式如下:

$$W\_Slow = \min\left((Slow\_PT_c + arrive\_ST_c - m), \frac{L_{ij}}{V_0} \cdot \frac{60}{1000} + \alpha \cdot \frac{L_{Dj}}{60 \cdot V_{walk}} \right)$$

$$\qquad (3-25)$$

3. 燃油汽车停车优化目标函数

对于燃油汽车,车辆驶离的决定因素是初始的停车时长分布。假设燃油汽车首先按初始 OD 行驶到目标停车场,然后根据是否有停车位进行停车决策。假设第 i 辆燃油汽车在某停车场排队停车,前方共有 N 辆汽车在排队,则预计排队时间的计算方法如下。

(1)排队时间估计

①计算所有在停汽车停车时间。

$$queue\_NT_c = Norm\_PT_c + arrive\_NT_c - m \qquad (3-26)$$

式中,$queue\_NT_c$ 为已停燃油汽车 c 停车完成后离开时间;$Norm\_PT_c$ 为燃油汽车 c 的初始停车时长;$arrive\_NT_c$ 为燃油汽车 c 停车起始时刻;m 为当前时刻。

②按离开时间从先到后进行排序。

$$Norm\_T = sort(queue\_NT_c) \qquad (3-27)$$

③燃油汽车 i 的排队时间为排在第 n 位在停车的燃油汽车离开时间:

$$w_1\_Norm = Norm\_T_n \qquad (3-28)$$

(2)寻找新停车场时间成本

同电动汽车转移至新停车场,燃油汽车车主的成本主要由两部分组成:第一部分是由目标停车场至新停车场的转移时间,第二部分是新停车场至目的地的步行时间。两部分的计算公式同公式(3-17)和公式(3-18),总时间成本公式如公式(3-19)所示。

(3)目标函数

通过对比燃油汽车排队时间成本和转移至新停车场时间成本,选择成本最小的方案,具体公式如下:

$$W\_Norm = \min\left(Norm\_PT_c + arrive\_NT_c - m, \frac{L_{ij}}{V_0} \cdot \frac{60}{1000} + \alpha \cdot \frac{L_{Dj}}{60 \cdot V_{walk}}\right)$$

$$(3-29)$$

4. 最终优化目标

(1)目标函数

通过输入实时 OD 数据,仿真一天时间内电动汽车充电与燃油汽车的停车选择,假定所有车辆按初始结果停放或者在目标停车场充电,则时间成本计为零,若目标停车场无停车位或者充电桩,再计算排队时间成本和转移至新的停车场的时间成本,最终求得所有车辆的时间成本之和,仿真一次的目标函数:

$$W = \sum_{i=1}^{n} W\_Fast + \sum_{i=1}^{m} W\_Slow + \sum_{i=1}^{Q} W\_Norm \qquad (3-30)$$

式中,n 为区域全天累积服务快速充电车辆数,m 为区域全天累积服务慢速充电车辆数,Q 为区域全天累积服务停车车辆总数。

本节的优化目标就是通过调整各停车场快速充电桩的数量、慢速充电桩的数量、普通停车位的数量使目标函数 W 值最小。

(2)优化策略

为求得最小 W,按以下策略求解最优结果:

① 首先按照充电需求预测结果以相同比例为各个停车场划分充电桩数量,求解 W。

② 以 1 为单位,更改各个停车场快速充电桩和慢速充电桩的数量,重新求解 W。

③ 为限制仿真时长,以两倍需求比例作为各个停车场充电桩配建数量的上限。

5. 优化算法

直接通过枚举法比较寻找优化解计算量较大,因此本节采用常用的启发式算法——遗传算法(李娅,2017)进行优化目标函数求解。

遗传算法是一类借鉴生物界进化规律的随机优化搜索算法,借鉴了生物进化学中的遗传、突变、自然选择、杂交等现象。遗传算法具有内在的隐并行性和更好的全局寻优能力,采用概率化的寻优方法,能够自动地获取和指导优化的搜索空间,自适应地调整搜索方向。遗传算法针对适应度函数,能够实现较快的收敛计算,寻优结果较合理,鲁棒性好。

应用遗传算法主要步骤如图 3-13 所示。

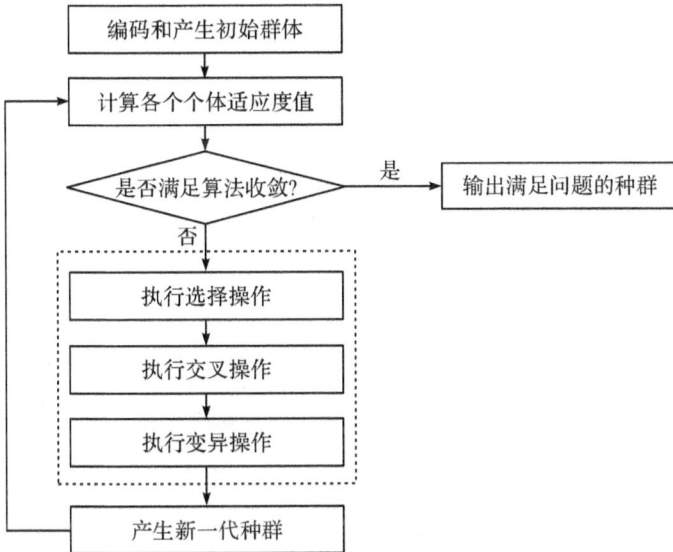

图 3-13　简单遗传算法流程

(1)问题编码:遗传算法不能直接处理问题空间的参数,只能处理以基因形式表示的个体,因此使用遗传算法需要把优化问题的解的参数形式转换成基因编码的形式,这一转换操作叫作编码。

(2)初始种群的设定:遗传算法是群体性操作,在使用前必须为操作准备一个由若干初始解组成的初始群体,初始种群的好坏对遗传算法的计算结果和算法的优化效率有着重要影响。

(3)适应度函数的确定:遗传算法用评估函数值来评估个体或者解的优劣,并作为以后遗传操作的依据,评估函数又称适应度,遗传算法通常将目标函数直接作为适应度函数。

（4）遗传操作设计：遗传算法选择适应度高的染色体进行复制，通过遗传算子选择、交叉、变异等操作来产生一群新的更适应环境的染色体，形成新的种群，通过一代代不断地繁殖、进化，使后代种群比前代种群更加适应环境。末代种群中的最优个体经过编码，作为问题的最优解或者近似最优解。

由于本书针对电动汽车基于 Agent 仿真的充电桩布局优化具有特殊性，车辆的出行 OD、充电站车辆的到达具有随机性，因此本书求得的结果并非最优解，而是一个优化解。而且，在现实操作中，由于电动汽车出行目的等行为也具有一定的随机性，因此基于遗传算法的求解结果可为充电站管理方做出一个相对较优的停车场充电桩数量设置方案，无需追求最优解，也不存在最优解。

对于每个停车场快速充电桩的数量布置、慢速充电桩数量的布置、普通停车位的布置，进行三次仿真，取优化目标的平均值作为优化结果。这样可以降低单次仿真的结果波动性，增强程序的鲁棒性。

3.3.5　案例分析

本节依旧以杭州市典型 CBD 武林商圈为仿真对象，结合上一节的充电需求预测结果，对 9 个停车场充电桩的布局优化进行分析。

1. 初始充电桩配建数量

本节在电动汽车保有比例为 10% 的条件下进行优化布置的相关说明，根据上一节的预测结果，计算得出仿真区域总共需要 52 个快速充电桩、101 个慢速充电桩，停车场总容量为 1570 个，因此区域快速充电桩初试配建比例为 3%，慢速充电桩配建比例为 6%，充电桩总配建比例为 9%。详情参见表 3-12。

表 3-12　充电桩需求配建比例

停车场 ID	快充充电桩需求/个	慢充充电桩需求/个	停车位容量/个	快充配建比/%	慢充配建比例/%	充电桩配建比例/%
1	10	10	200	5.0	5.0	10.0
2	4	19	180	2.2	10.6	12.8
3	3	0	150	2.0	0.0	2.0
4	4	20	160	2.5	12.5	15.0
5	5	1	180	2.8	0.6	3.3
6	3	12	150	2.0	8.0	10.0
7	3	0	150	2.0	0.0	2.0

停车场 ID	快充充电桩需求/个	慢充充电桩需求/个	停车位容量/个	快充配建比/%	慢充配建比例/%	充电桩配建比例/%
8	14	16	200	7.0	8.0	15.0
9	6	23	200	3.0	11.5	14.5
合计	52	101	1570	平均配建比例	9.4	

计算各充电站快速充电桩起始需求数量、慢速充电桩起始需求数量和停车位起始需求数量如表 3-13 所示。

表 3-13　各个充电站充电桩初始配建数量

停车场 ID	停车位容量/个	快充配建/个	慢充配建/个	普通车位数量/个
1	200	6	12	182
2	180	5	11	164
3	150	5	9	137
4	160	5	10	146
5	180	5	11	164
6	150	5	9	137
7	150	5	9	137
8	200	6	12	182
9	200	6	12	182
合计	1570	47	94	1429

2. 参数设计

(1) 充电参数设计

充电负荷分布：假定电动汽车车辆起始剩余电量服从均值为 50%、方差为 25% 的正态分布，则

$$\mathrm{SOC}_{car}(m) = \frac{1}{\sqrt{2\pi} \cdot 0.25} \exp\left(-\frac{(m-0.5)^2}{2 \cdot 0.25^2}\right) \tag{3-31}$$

充电选择相关参数：电动汽车充电下限阈值 SOC_min＝0.3，上限阈值 SOC_max＝0.7，电动汽车快速充电从 0 至充满的预计时间 X_FT 设置为 0.7h，电动汽车慢速充电从 0 至充满的预计时间 X_FT 设置为 9.5h。

(2) 排队相关参数设计

各停车场停车泊位总容量：

$$\mathrm{Cap\_P} = [200,180,150,160,180,150,150,200,200]$$

初始泊位：

$$\text{vol\_P} = [40,45,30,55,55,55,55,55,55]$$

停车时长分布:假定车辆的停车时长服从均值为 120min、方差为 80min 的正态分布,即:

$$PT(i) = \frac{1}{\sqrt{2\pi \cdot 80}} \exp\left(-\frac{(i-120)^2}{2 \cdot 80^2}\right) \tag{3-32}$$

步行阻抗系数 α 选择快充设置为 2,选择慢充设置为 1.5;行人步行速度设置为 1m/s;车辆平均速度设置为 9m/s。

(3)遗传算法参数设计

种群初值设置为:[6,5,5,5,5,5,5,6,6,12,11,9,10,11,9,9,12,12];交叉率为 0.85,变异率为 0.15,种群数量为 20,迭代代数为 50 代。以 W 为适应度函数进行仿真优化。

利用 Matlab 将 Agent 仿真打包成一个函数,输入参数为各停车场快速充电桩数量、慢速充电桩数量、普通停车位数量的组合,输出参数为优化目标值。为降低仿真结果的波动性,每组参数仿真三次取平均值,利用 Matlab 遗传算法工具箱进行优化求解。

3.优化结果

本节首先计算在初始配建比例下的时间成本,然后再计算通过遗传算法优化的结果,通过两者对比来进行相关分析。

(1)初始配建比例下计算结果

根据前文设计,假定车辆按照初始 OD 停放在目标停车场或者目标停车场充电,则时间成本计为 0。若目标停车场停车或者充电失败,则开始计算其排队成本和转移至新停车场的成本,两者成本的大小作为在目标停车场排队或者转移的决策依据。在初始快充桩配建数量(Cap_FP=[6,5,5,5,5,5,5,6,6])、慢充桩配建数量(Cap_SP=[12,11,9,10,11,9,9,12,12])的情况下,时间成本等相关结果计算如下所示。

①排队时间成本和转移至新停车场时间成本

根据第三章充电需求预测结果得到各停车场各类型充电桩初始配建数量,计算各车辆的排队时间成本 w_1 和转移至新停车场时间成本 w_2,计算结果如图 3-14 和图 3-15 所示。

图 3-14 和图 3-15 左图为各车辆在停车场前决策时进行的排队时间成

本和转移至新停车场的时间成本。为方便分析,将时间成本进行排序,重新绘制如图 3-14 和图 3-15 的右图部分。从图 3-15 可以看出,排队时间成本从 0 到 50min 不等,转移至新停车场时间成本从 0 到 18min 不等。相比于 w_1 的指数形增长,w_2 呈阶梯形增长,这是由于目标停车场无位可停或者无桩可充,许多车辆转移至同一新停车场所致。

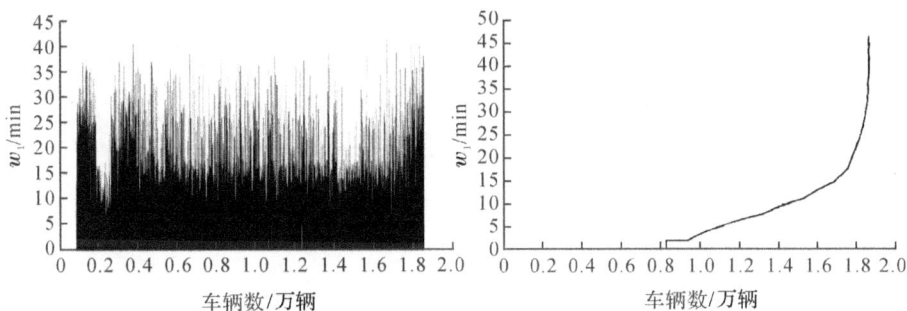

图 3-14　各车辆 w_1 成本(左图)及其排序(右图)

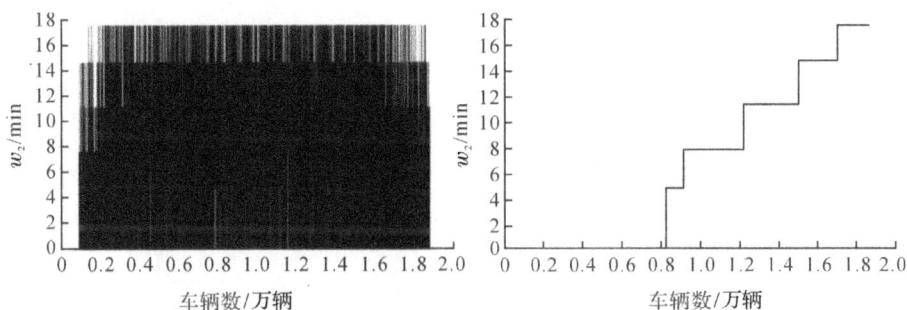

图 3-15　各车辆 w_2 成本(左图)及其排序(右图)

② 总时间成本

计算车辆在停车场的 w_1 和 w_2,通过对比做出决策后,统计得到各车辆的总时间成本如图 3-16(a)所示(根据时间序列统计)。为方便分析,总时间成本按大小进行排序,排序结果如图 3-17(b)所示。

从图 3-16 可知,在仿真步长为 1440 步的过程中,车辆总共生成 18745 辆,其中按初始 OD 进行停车或充电的车辆共计 8171 辆,占比总车辆数的 43.6%。排队或者转移的车辆数有 10574 辆,占比 56.4%。

通过对各辆汽车的总时间成本进行求和,得到目标函数 W 总和:

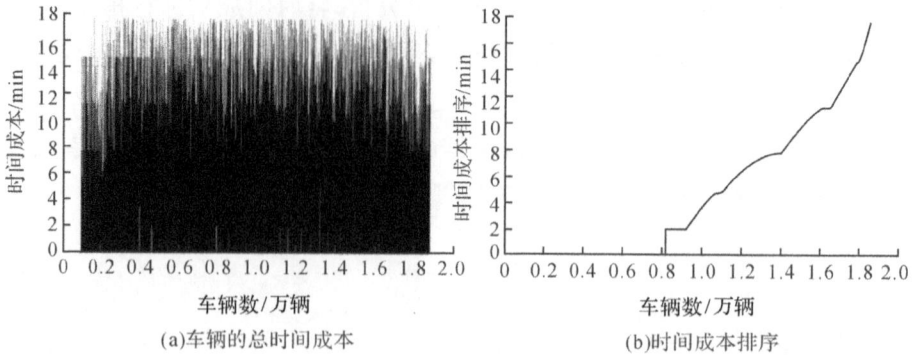

(a)车辆的总时间成本　　　　　　　(b)时间成本排序

图 3-16　各车辆时间成本及其排序

$$W = 8.58 \times 10^4 \text{min}$$

③排队和转移车辆数

为进一步探讨在目标停车场停车或者充电失败车辆的选择,我们绘制了排队时间 w_1 和 w_2 的差值图,如图 3-17 所示,若 w_1 大于 w_2,则车辆选择转移;若 w_1 小于 w_2,则车辆选择排队。从图 3-18 统计得出,8881 辆汽车选择了排队,1499 辆汽车选择了转移。

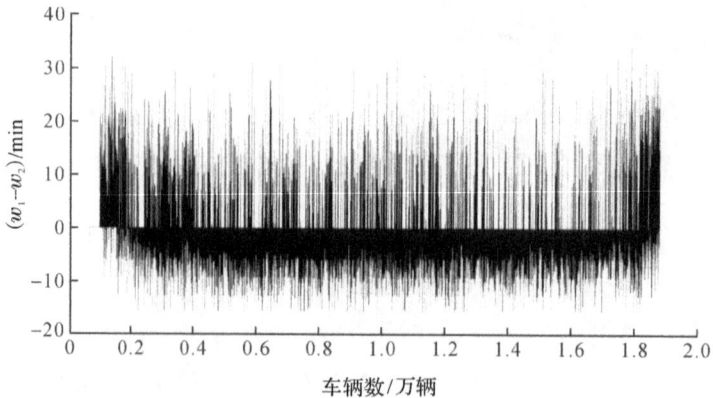

图 3-17　$w_1 - w_2$

(2)优化结果

通过更改各停车场充电桩的配置数量,采用遗传算法进行优化求解。

①充电桩配置数量

通过优化最小总时间成本后,获得的各停车场充电桩及停车位配建数量如图 3-18 所示。

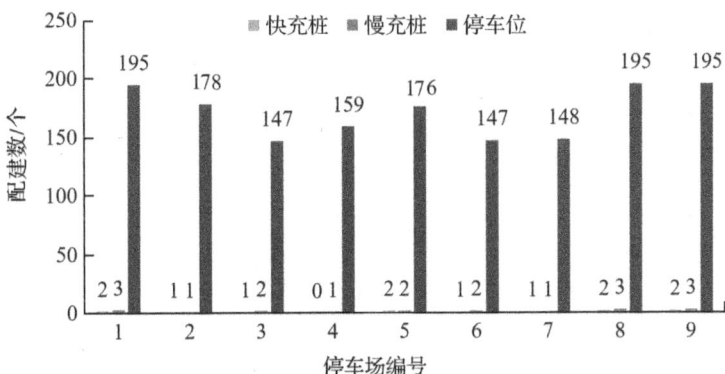

图 3-18　优化后各停车场充电桩及停车位配建数量

②时间成本

经优化充电桩配建数量后,统计各车辆的时间成本如图 3-19 所示。通过对各辆汽车的总时间成本进行求和,得到目标函数:

$$W = 7.68 \times 10^4 \text{min}$$

相比于初始配建的充电桩数量下的 W 值,W 值降低了 10.5%。

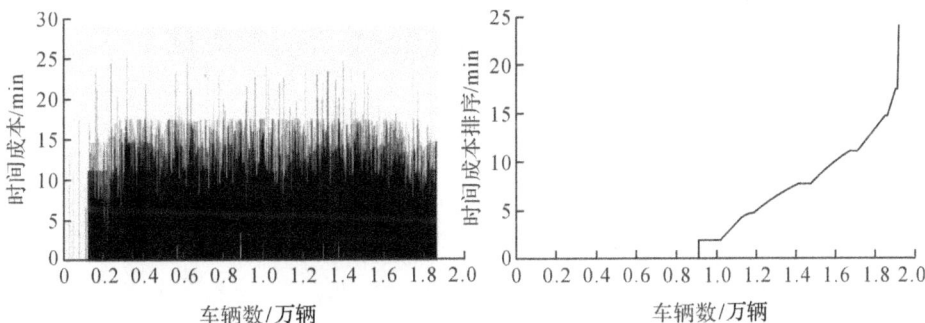

图 3-19　各车辆时间成本

③排队车辆

统计各车辆在停车场前决策计算得到的预计排队时间 w_1 和转移至新停车场时间成本 w_2,结果如图 3-20 所示,仿真步长为 1440 步,共生成燃油汽车和电动汽车 18745 辆,其中按初始 OD 在目标停车场停车或者充电车辆共计 9109 辆,相比于初始充电桩下的 8171 辆,增长幅度为 11.5%。排队和转移车辆共 9636 辆。为进一步分析排队车辆和转移至新停车场,绘制(w_1

—w_2)差值图,如图 3-21 所示。统计得到,排队车辆 8568 辆,相比于初始充电桩配置数量下的 8881 辆减少了 3.5%。转移车辆 1068 辆,相比于初始充电桩配置数量下的 1499 辆减少了 28.8%。

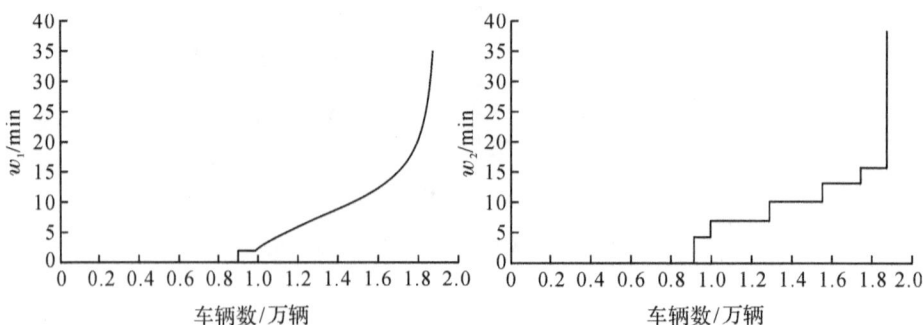

图 3-20　各车辆 w_1 值(左图)和 w_2 值(右图)

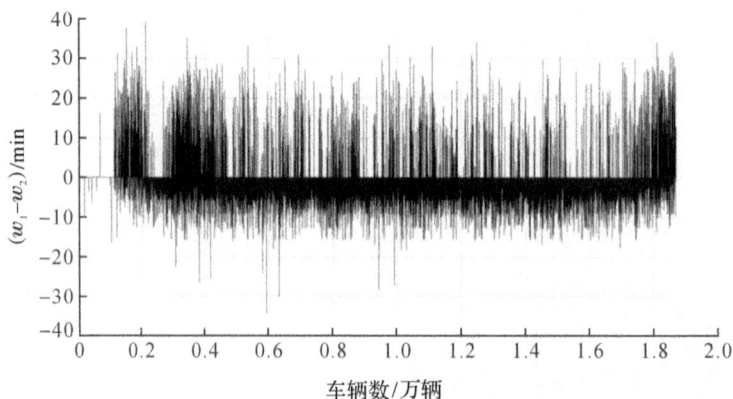

图 3-21　优化后 w_1—w_2 值

④优化结论

优化后,整个区域需要的快速充电桩需求量仅 12 个,慢速充电桩的需求量仅 18 个,总共 30 个;与充电需求预测得到的充电桩需求量 153 个相比,降低幅度达 80%。

综上所述,在电动汽车保有量较小时,电动汽车排队或转移至新停车场的时间成本与燃油汽车排队或转移至新停车场的时间成本相同权重的条件下,充电桩的配建数量过多将会导致燃油汽车的时间成本增加总量大于电动汽车出行成本的减少量,从而增加了全部车辆的时间成本。

因此,在实际政策推广时,如果仅靠从停车场划分一定比例的停车位来建设充电桩将会使燃油汽车时间成本大大增加,在舆论上将不利于电动汽车充电桩的建设。

(3)增加电动汽车时间成本权重后优化结果

实际上,电动汽车排队或转移至新停车场的时间成本与燃油汽车排队或转移至新停车场的时间成本相同权重的条件下,在没有其他利益条件促使下,从停车场方的角度出发,维持现状比从停车场划分出一定比例的车位用来建设充电桩车位的车位服务的车辆数更多。因此在电动汽车还是小众市场时,政府的扶持是有必要的。

为仿真政策的支持,在上一小节的目标函数中增加电动汽车出行时间成本的权重。在电动汽车保有比例为 10% 的条件下,燃油汽车的数量是电动汽车的 9 倍,因此可将电动汽车的出行时间成本权重增加至原来的 9 倍,重新进行仿真。

①充电桩配置数量

通过优化最小总时间成本后,获得的各停车场充电桩及停车位配建数量方案表 3-14 所示。

表 3-14　优化后各停车场充电桩布置方案

停车场 ID	停车位容量/个	快充桩/个	慢充桩/个	停车位/个	充电桩比例/%
1	200	8	8	184	8
2	180	10	23	147	18
3	150	6	6	138	8
4	160	5	24	131	18
5	180	8	6	166	8
6	150	9	16	125	17
7	150	6	8	136	9
8	200	10	12	178	11
9	200	8	25	167	17
合计	1570	70	128	平均值	13

优化后,区域需配建快速充电桩 70 个、慢速充电桩 128 个,整个区域充电桩配建数量占全部停车位的 13%。

②时间成本

电动汽车出行时间成本加权后,在初始充电桩配建数量下,各车辆的时间成本如图 3-22 所示。通过对各辆汽车的总时间成本进行求和,得到目标函数:

$$W = 9.79 \times 10^4 \text{min}$$

优化充电桩配建数量后,统计各车辆的时间成本如图 3-23 所示。通过对各辆汽车的总时间成本进行求和,得到目标函数:

$$W = 8.12 \times 10^4 \text{min}$$

相比于初始配建的充电桩数量下的 W 值,W 值降低了 17.1%。

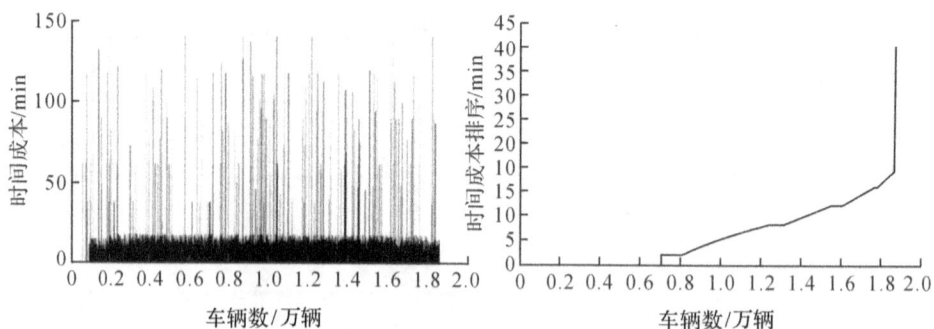

图 3-22 初始充电桩配建数量下各车辆时间成本

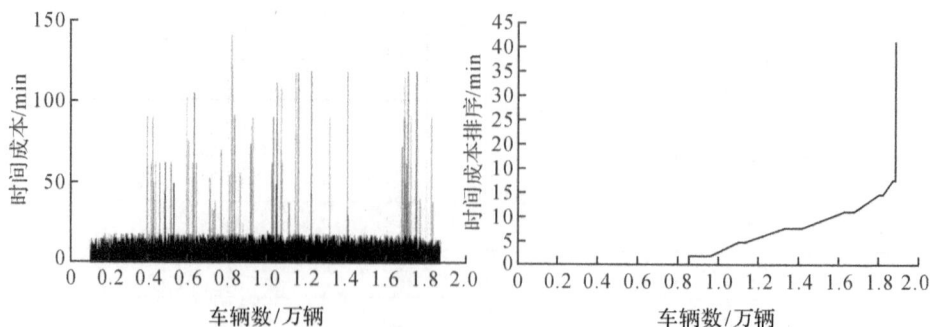

图 3-23 优化充电桩配建数量后各车辆时间成本

③排队车辆

初始充电桩配建数量下,其中按初始 OD 在目标停车场停车或者充电车辆共计 7235 辆,优化充电桩配建数量后按初始 OD 在目标停车场停车或者充电车辆共计 8106 辆,增长 12%(见图 3-24)。

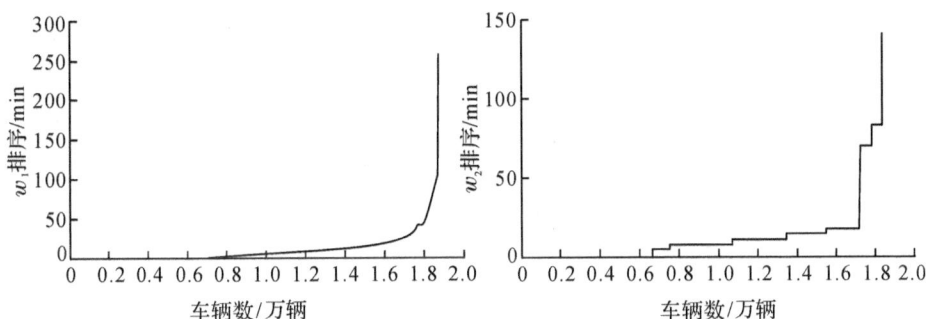

图 3-24　初始充电桩配建数量下各车辆 w_1 值和 w_2 值

④优化结论

增加电动汽车出行时间成本权重后,为使目标函数最小,充电桩配建数量由整体需求的 8%,增加到 13%。通过优化充电桩配置数量后,可提高全部车辆出行成本的 17.1%(见图 3-25)。

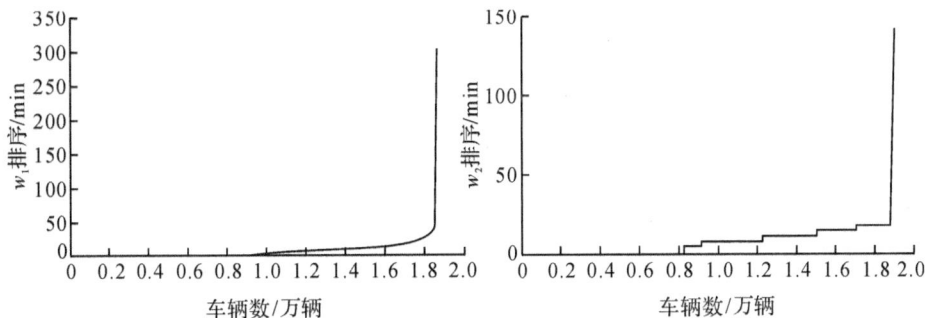

图 3-25　优化充电桩配建数量后各车辆 w_1 值和 w_2 值

3.4　研究结论

本研究考虑电动汽车充电模式、续航里程等相关因素,借助 Matlab 软件构建的 Agent 仿真模型,模型具有充电需求预测、路径规划、充电信息发布、充电桩布局优化等功能。模型考虑了车辆出行 OD,兼顾了燃油汽车的停车问题。

本章的研究通过科学合理地对城市各交通片区的充电需求进行预测,进而对充电设施的布局规划进行协同优化,有利于交通系统达到社会效益最大化。该停车系统不仅加强了电动汽车充电的便捷性,同时也降低了燃油汽车在停车场前的排队时间或转移率,具有较高的应用价值。

同时本研究有助于提高电动汽车的充电便捷性,使电动汽车的竞争力大大提高,有利于电动汽车逐步取代传统燃油汽车,大大缓解城市交通中的能源和环境问题。

第4章 面向停车换乘的多模式组合出行仿真

4.1 多模式组合出行系统背景

近年来,我国积极发展公共交通,但局限于公共交通的覆盖率及服务水平,其可达性和舒适度等方面与小汽车相差甚远,小汽车拥有者优先使用小汽车出行的趋势仍然较为明显。有限的道路资源与以小汽车为主的出行结构相冲突是交通拥堵形成的内因,而交通拥堵带来的恶劣影响包括通勤时间增加、交通污染加剧、出行舒适度恶化等,甚至阻碍了城市的经济发展。在各种交通方式中,小汽车的单位通行者占用的道路资源是最大的,一味地建设道路设施只会刺激小汽车出行需求,甚至会导致目前的交通供需矛盾进一步恶化,无法从根本上解决城市交通问题。城市多模式交通系统是一个极其复杂的网络,它涵盖了小汽车、轨道、公交、非机动车等各种交通子网络,这些子网络之间既有明显的分层,又互相交织在一起,形成了一个极其复杂的拓扑结构。通过数学建模方法难以描述该系统的动态运行过程及出行个体的决策行为,因此我们可通过 Agent 仿真的方法来对多模式交通进行建模,研究分析小汽车出行者选择停车换乘的机理以及其出行链的全过程,分析典型交通管理政策对居民选择停车换乘出行的影响。

随着经济发展,大城市已经建立起了完善的现代化综合客运交通系统,涵盖多种交通方式,城市居民的出行方式也日渐多样化。不同的交通方式具有不同的速度、舒适性及费用,因此每一种交通方式都存在一个与其对应的优势出行距离。在实际出行中,为了利用各交通方式的优势以实现综合成本最小,或者因为使用单一交通方式无法完成出行,出行者往往会选择包含方式间换乘的组合出行。正因为出行方式的多样性和复杂性,才需要对组合出行相关问题进行深入研究,合理引导人们的出行,使得各种交通模式相互配合,实现优势互补,使得整个交通系统运行成本最低,发挥的效用最高。引导驾车出行者从单纯的小汽车出行向"小汽车＋公共交通"的组合出行方式转变,减少城市核心区小汽车流量才能有效缓解城市日渐严峻的交通拥堵问题,才是未来交通可持续发展的方向。停车换乘可以有效地对城市外围前往核心区的小汽车流量进行截流,缓解核心区的交通压力。停车换乘非常适合通勤者前往城市核心区的出行,是一种社会总成本最小的出行方式。

多模式交通系统是一个组合网络,由步行网络、非机动车道路网络、机动车道路网络、公交线网络、轨道交通线网络及模式转换系统构成,不仅承载着各模式的交通量,同时允许出行者在不同模式间进行转换(见图 4-1)。在多模式交通系统中,每种交通模式都可以看作一个相对独立的网络,小汽车出行的承载体为机动车道路网络,公交车出行的承载体为公交线路网络,地铁出行的承载体为轨道网络,慢行交通的承载体为慢行交通网络。但是,模式转换设施的存在也使得这些网络之间建立起联系,形成一个可以转换的多模式组合网络。例如,小汽车出行者可以驾驶汽车前往"P＋R"停车场,停车后换乘公共交通前往目的地;远距离出行时,如果出发点附近没有地铁站,人们也可以步行前往公交站乘坐公交车前往最近的地铁站,再乘坐地铁前往目的地。

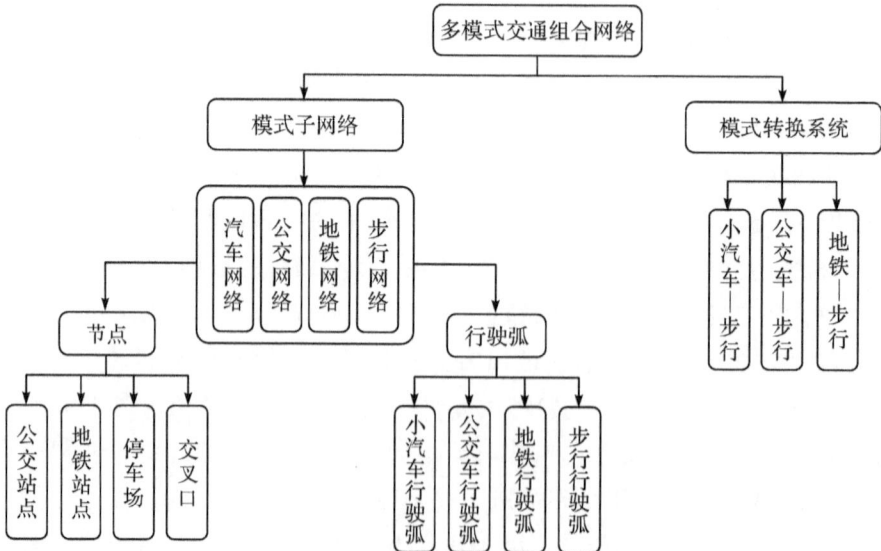

图 4-1 多模式交通组合网络的组成要素

在现实中,人们的实际出发点通常是不在交通网络上的,当出行者有出行需求时,首先需要先从实际出发点步行或通过其他方式到达交通网络,通过交通网络完成出行行为。如果最终目的地不在交通网络上,还需要离开交通网络通过步行或其他方式前往目的地。因此,在实际的出行过程中,出行者的出行链不仅包含各交通子网络上的路径和连接各子网络的换乘弧,也包括前往和离开交通网络的过程。

与单模式交通系统相比,多模式交通系统主要增加了换乘行为和上、下网行为。如果出行者在出行时只使用单一交通方式,那么其路径均可以在相应的交通子网络中匹配;如果使用了多种交通方式,那么其出行路径就横跨多个交通子网络,需要依赖换乘行为将多个子网络连通起来。后续我们介绍面对停车换乘的多模式组合出行仿真系统的构建及设置。

面向停车换乘的多模式交通组合出行仿真模型,可针对出行者、路网和停车场三个关键要素的特性,设计对应的 Agent 对象。而仿真系统中的多模式交通网络可使用超网络理论将小汽车、地铁、公交和步行网络构建成一个组合网络模型,既能描述各模式网络的空间几何形态,又能表达模式间的转换关系,为仿真系统的开发提供了便利。此外,针对模式间转换的复杂性,本书提出了基于步行的模式转换系统,能精确描述所有转换模式,并且大幅减少转换弧数量,优化组合网络结构,同时也可以避免传统转换系统中出现的连续换乘现象,提高了建模仿真的效率。通勤出行者往往因为受时间约束,并不一定选择期望效用最大的出行方案,其决策行为更符合累积前景理论,可选择行程时间和货币费用两个因素作为其决策评价指标,并给出基于累积前景理论的决策模型;对于非通勤出行者,假设其对时间限制没有硬性要求,决策行为符合期望效用理论,可从行程时间、货币费用、舒适度损耗三个维度适用广义成本模型,并基于期望效用理论给出其决策模型。

4.2　多模式交通组合出行 Agent 仿真设计

4.2.1　基本假设

面向停车换乘的多模式组合出行的仿真系统基于如下假设:

（1）出行需求：各起讫点之间的实时 OD 出行矩阵是已知的。

（2）信息感知：所有出行者都能获取道路交通信息（如路段行程时间）和停车场泊位信息。

（3）路径规划：出行者根据路网的实时交通信息计算广义成本或累积前景值，以此进行动态路径决策。

（4）方式选择：用户在出行过程中将会动态比较"自驾车方案"和"停车换乘方案"的广义成本或累积前景值，并选择最优的出行方案。

（5）预约停车：出行者成功预约了泊位后不会临时取消，可预约泊位与非预约泊位之间不能相互转化。

4.2.2　基本属性设计

多模式组合出行的仿真系统的实体模块主要由出行者、路网和停车场三个要素组成，依据"面向对象"思想，对三个要素分别建立 Traveller、Link 和 Parkinglot 3 个 Agent 对象。Traveller 对象代表现实中的出行者，每个 Traveller 都具有独特的属性，在路网节点处，他们会根据自身属性和外界交通环境动态选择出行路径。Link 对象代表多模式路网中的一条路段，它可能是一条小汽车行驶的路段，也可能是地铁行驶的轨道，还可能代表换乘路段，在代表不同路段时，它具有不同的属性特征，例如两端节点编号、路段长度、流量等属性，其对 Traveller 对象的路径决策有重要作用。Parkinglot 对象用来描述各个时刻的停车情况，它可能是具有预约功能的停车场，也可能是普通停车场，它负责管理停放的车辆，车辆停放时间到期后，Parkinglot 会将该车辆从停车队列剔除。为 Traveller 对象、Link 对象和 Parkinglot 对象分别设计相应的属性，具体如表 4-1 至表 4-3 所示。

表 4-1　Traveller 对象属性

属性类别	符号	含义
基本属性	ID^i	唯一编号
	M^i	所在的路段类型，参见表 4-4
	O	出发节点
	D	目的节点
	P_{target}	目标停车场
	PT	停车时长

属性类别	符号	含义
时间属性	T_d	出发时刻
	T_a	到达时刻
	T_{fp}	首次访问停车场时刻
	T_p	停车时刻
	T_q	排队时刻
空间属性	N_{last}	上一个节点
	N_{next}	下一个节点
	$D_{nextNode}$	距离下个节点的距离
	L_{last}	上一条弧段
	L_{cur}	当前弧段
统计属性	Path	出行路径
	D_{car}	小汽车行驶里程
	D_{walk}	步行里程
	D_{public}	公共交通里程
	$P_{visited}$	访问过的停车场队列
标签属性	$F_{arrivePark}$	是否到达目标停车场
	$F_{firstLink}$	是否第一次达到当前弧段
	F_{finish}	是否结束出行
	F_{PR}	是否选择停车换乘
	F_{park}	是否已经停车
	$F_{commuter}$	是否通勤出行
	$F_{booking}$	是否预约停车
	F_{high}	是否为高收入人群
	$F_{queuing}$	是否真正排队等待停车

表 4-2　Link 对象属性

属性类别	符号	含义
基本属性	ID^l	唯一编号
	M^l	路段类型,详情见表 4-4
	N_{from}	路段起点
	N_{to}	路段终点
	Len^l	路段长度

属性类别	符号	含义
交通流属性	C^l	路段通行能力
	q^l	路段交通流
	v_t	路段行程速度
	v_{free}	路段自由流速度
	t_t	路段行程时间
	α_{bpr}	BPR 函数参数
	β_{bpr}	BPR 函数参数

表 4-3　Parkinglot 对象属性

属性类别	符号	含义
基本属性	ID^p	唯一编号
	f_p	停车费
	f_b	停车预约费
	N^p_{car}	停车场在小汽车网络层上对应的节点编号
	N^p_{walk}	停车场在步行网络层上对应的节点编号
泊位属性	C^p_{total}	停车场泊位总数
	C^p_b	停车场可预约泊位总数
	C^p_{ub}	停车场非预约泊位总数
	x^p_b	停车场可预约泊位使用量
	x^p_{ub}	停车场非预约泊位使用量
统计属性	Q_{ub}	非预约泊位停车队列
	Q_b	可预约泊位停车队列
	Q_q	排队等待停车队列
标签属性	F^p_{PR}	是否为换乘停车场
其他属性	Q_{nei}	停车场相邻的汽车网络节点列表

表 4-4　路段类型

类型名称	含义
CAR	小汽车路段
METRO	地铁路段
BUS	公交车路段
WALK	步行路段
CAR2WALK	汽车层前往步行层的转换路段
WALK2CAR	步行层前往汽车层的转换路段
METRO2WALK	地铁层前往步行层的转换路段
WALK2METRO	步行层前往地铁层的转换路段
BUS2WALK	公交层前往步行层的转换路段
WALK2BUS	步行层前往公交层的转换路段

4.2.3　仿真关键技术

面向停车换乘的多模式交通组合出行的仿真系统具有如下功能：预约停车出行者在出发前预约泊位并开车前往目标停车场，预约失败则转为非预约出行者；出行者在出发时以及后续的每个节点处对比"自驾车方案"和"停车换乘方案"的广义成本或累积前景值并选择最优方案，直到完成停车，后续将步行或乘坐公共交通前往目的地；对于所有出行者，其在各节点处均会根据当前交通状况，如汽车路段的行程速度，选择最优路径前往目的地；预约出行者到达目标停车场后可直接停车；非预约出行者在到达停车场后，如果停车场没有空余泊位，将进行停车巡游，寻找其他停车场；本系统可以记录出行者的实时位置，同时动态更新汽车路网上每条路段的车流量。

为了实现上述的主要功能，需要有相应的关键技术的支撑，下面将详细阐述本系统涉及的一些关键技术。为方便起见，对于预约停车出行者，下文将称之为预约出行者，并称其出行为预约出行；对于非预约停车出行者，下文将称之为非预约出行者，并称其出行为非预约出行。

1. 出行者定位

准确判断出行者（即 Traveller 对象）在路网中的准确位置是做出正确的出行决策和更新位置的前提条件。根据 Traveller 对象的 $D_{nextNode}$ 属性可以知道其到当前路段的下游节点的距离，若 $D_{nextNode} \neq 0$，则表示 Traveller 尚未到达路段节点；反之，$D_{nextNode} = 0$ 表示 Traveller 已经到达节点，需要根据当前交通状况计算出前往目的地的最优路径，并前往下一个节点。

在每次仿真迭代过程中，系统都需要更新所有 Traveller 的实时位置，从而实现 Traveller 在组合路网中的移动。在迭代过程中，小汽车网络层中的各路段的交通流量 q^l 可以通过统计路段上的 Traveller 数量得到，再结合 BPR 函数可以计算出各路段的行程速度 v_t（单位：m/s）和行程时间。最后，根据属性 $D_{nextNode}$ 判断 Traveller 是否到达节点处，若尚未到达节点，则 Traveller 在该路段上向前移动 $\min(D_{nextNode}, step \cdot v_t)$（单位：m），其中 step（单位：s）为仿真步长。

2. 路段流量动态更新

准确记录路段上的车流量是通过 BPR 函数计算路段行程速度的关键。

路段流量更新的详细步骤如下：

（1）设置 Traveller 的 $F_{firstLink}$ 属性。当 Traveller 第一次到达小汽车网络层的某路段时，即开始一次出行时或达到节点计算路径时，将 $F_{firstLink}$ 属性设置为 true，表示 Traveller 第一次到达当前路段。

（2）在移动模块中更新路段流量。若 Traveller 处于小汽车网络层，且 $F_{firstLink}$ 属性为 true，则当前路段的流量 $q^l = q^l + 1$，并设置 $F_{firstLink}$ 属性为 false，表示该 Traveller 的车辆已经计入路段流量中。此外，如果 Traveller 访问过的上一条路段存在且为汽车路段，则该路段流量 $q^l = q^l - 1$。

3.路径决策

出行方式的选择是考虑停车换乘行为的仿真系统的重要决策阶段。本系统的出行者根据是否预约停车，分为预约出行者和非预约出行者两类，两者的出行方式选择的决策行为也不相同，两者的出行决策流程如图 4-2 和图 4-3 所示。根据出行目的，可以将出行分为两类：一类是通勤出行，由于其对出行总时间有硬性要求，因此依据累积前景理论进行方式决策；另一类是非通勤出行，本案例认为其对出行总时间没有硬性要求，依据期望效用理论进行方式决策。下面为各类出行者方式选择的详细步骤。

（1）预约出行者

出行者会考虑"纯驾车出行"和"停车换乘出行"两种方式，选择其中广义成本最小或者累积前景值最大的方式作为出行方式。

①选择候选停车场。确定候选停车场可以快速过滤掉无效的停车场，对于提高算法效率有重要作用。"纯驾车出行"和"停车换乘出行"两种方式对候选停车场的筛选标准不一样，换乘停车场主要是为了使小汽车出行者将城市核心区内小汽车行驶路段转换为公共交通，若出行者起点到换乘站点的距离大于到目的地的距离，则该换乘站点为无效站点。因此，以出行者当前所在节点为圆心、当前点至目的地距离为半径进行搜索，将范围内有空闲的可预约泊位的换乘停车场作为"停车换乘"方式的候选停车场 S_1^b；选择距离目的地 1 公里范围内且有空闲的可预约泊位的停车场作为"纯驾车出行"方式的候选停车场 S_2^b。

②方式比选及泊位预约。对于通勤出行，考虑时间成本和货币成本两种因素，根据计算得到的参考点和累积前景理论，分别遍历候选停车场 S_1^b 和 S_2^b，

搜索"纯驾车出行"和"停车换乘出行"两种方式中累积前景值最大的路径R_1^{CPT}和R_2^{CPT},选择两者中较大者作为出行路径,即$R^{CPT} = \max(R_1^{CPT}, R_2^{CPT})$,确定目标停车场后进行泊位预约。对于非通勤出行,考虑从当前节点开车的时间成本、费用成本和舒适度损失等因素,根据期望效用理论,分别遍历候选停车场S_1^b和S_2^b,搜索两种方式中广义成本最小的路径R_1^{EUT}和R_2^{EUT},选择两者中较小者作为出行路径,即$R^{EUT} = \min(R_1^{EUT}, R_2^{EUT})$,确定目标停车场后进行泊位预约。若预约失败,则预约出行者转换为非预约出行,再按照非预约出行进行路径决策。

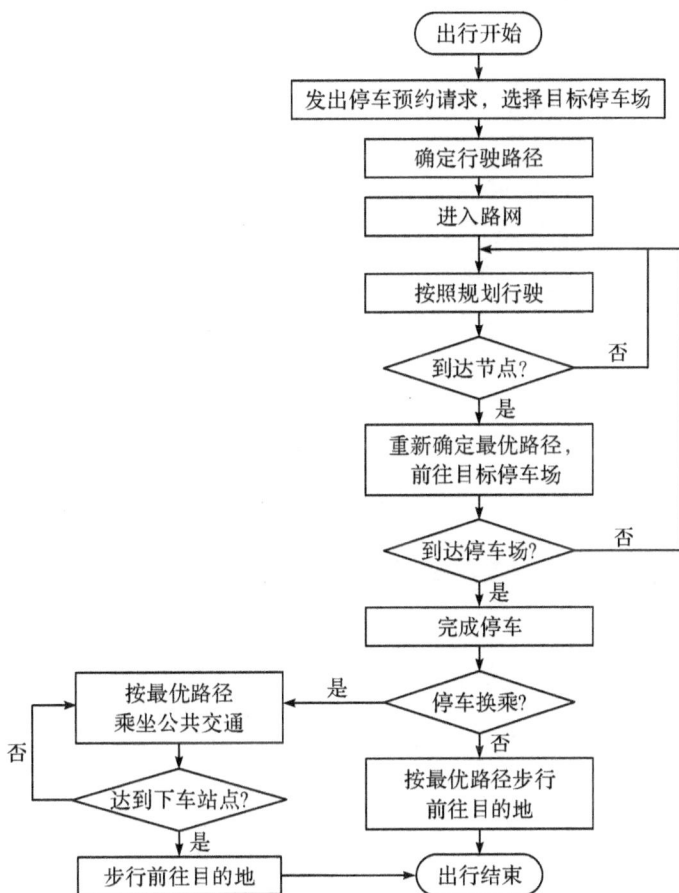

图 4-2　预约出行流程

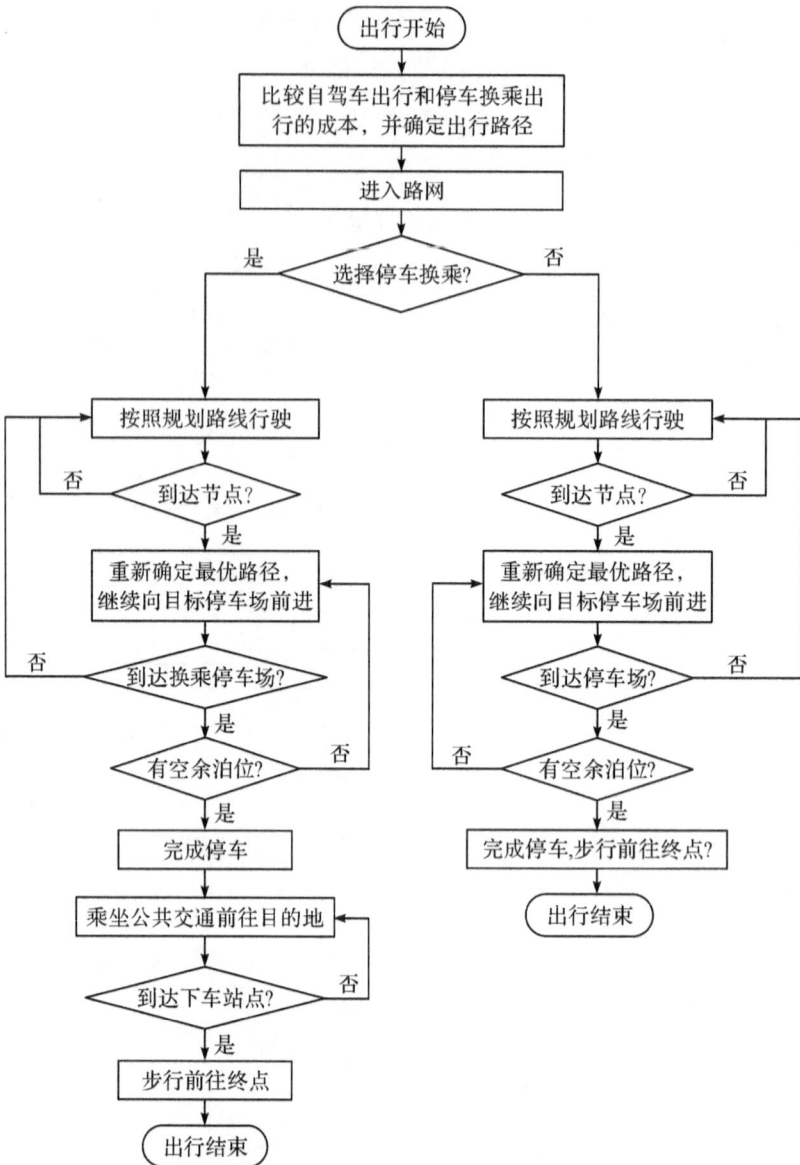

图 4-3 非预约出行流程

③前往停车场完成停车。预约泊位后,出行者在每个节点均按照累积前景理论或期望效用理论选择最优路径,行驶至目标停车场后完成停车。

④按最优路径前往目的地。如果出行者是停车换乘出行,完成停车后

则按照最优路径乘坐公共交通前往目的地附近,随后步行至目的地;如果是自驾车出行,完成停车后则按最优路径步行至目的地。

(2)非预约出行者

对于非预约出行者,其同样会考虑"纯驾车出行"和"停车换乘出行"两种方式,选择其中成本最小或者累积前景值最大的方式作为出行方式。

①确定候选停车场。非预约出行者的候选停车场筛选规则和预约出行者类似。以出行者当前节点为圆心、当前点至目的地距离为半径进行搜索,将范围内有空闲的非预约泊位的停车场作为"停车换乘"方式的候选停车场 S_1^{ub};同理选择距离目的地 1 公里范围内且有空余普通泊位的停车场作为"纯驾车出行"方式的候选停车场 S_2^{ub}。

②方式比选。对于通勤出行,考虑时间成本和货币成本两种因素,根据计算得到的参考点和累积前景理论,分别遍历候选停车场 S_1^{ub} 和 S_2^{ub},搜索"纯驾车出行"和"停车换乘出行"两种方式中累积前景值最大的路径 R_1^{CPT} 和 R_2^{CPT},选择两者中较大者作为出行路径,即 $R^{CPT} = \max(R_1^{CPT}, R_2^{CPT})$。对于非通勤出行,考虑从当前节点开车前往停车场的行程时间、停车场到目的地的步行距离、预约费用(预约费用为出行者保留一个空余泊位)、停车费用和舒适度损失等因素,根据期望效用理论,分别遍历候选停车场 S_1^{ub} 和 S_2^{ub},搜索两种方式中广义成本最小的路径 R_1^{EUT} 和 R_2^{EUT},选择两者中较小者作为出行路径,即 $R^{EUT} = \min(R_1^{EUT}, R_2^{EUT})$。

③前往停车场完成停车。确定出行方式及最优路径后,出行者按照最优路径行驶至下一个节点,并且不断重复上述步骤,直至到达停车场。如果停车有空闲泊位,则完成停车并进入④。如果停车场没有泊位且为换乘停车场,则重复①至③;如果是目的地附近停车场,则进入"停车巡游",出行者完成停车后,进入④。

④按最优路径前往目的地。如果出行者是停车换乘出行,完成停车后则按照最优路径乘坐公共交通前往目的地附近,随后步行至目的地;如果是自驾车出行,完成停车后则按最优路径步行至目的地。

(3)停车巡游

虽然在前往停车场的路径中,每到达一个网络节点,非预约出行者都会根据当前的交通状况进行动态决策,选择成本最优且有空闲泊位的停车场作为目标停车场,但是在前往目标停车场的最后一段路途中,空余泊位本就不多的停车场可能在此期间因其他车辆的到来而导致仅剩的泊位被全部占用。因此,非预约出行者驾驶小汽车到达停车场时,会发现停车场没有泊位可供停车,此时出行者将进入停车巡游状态,即重新进入路网寻找其他合适的停车场。停车巡游过程如图 4-4 所示。

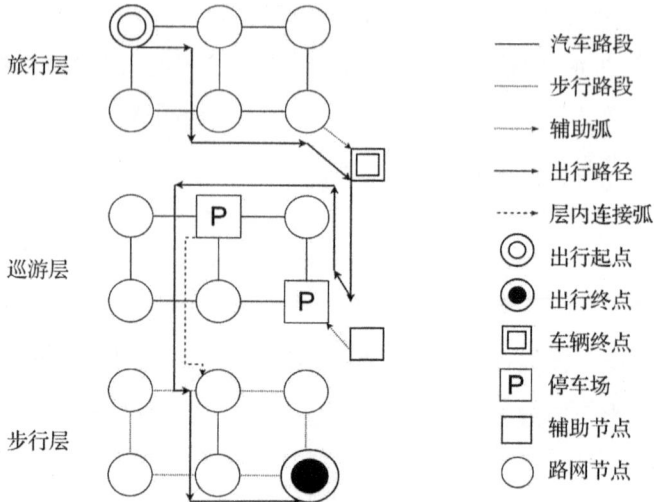

图 4-4 组合网络停车巡游

①如果周围所有停车场均被访问过,取出访问队列 $P_{visited}$(保存访问过的停车场,符合"先进先出"的性质)的头部元素,即距离上次访问时间最长的停车场,作为目标停车场,并前往该停车场;否则,进入②。

②从距离目的地 1 千米范围内的停车场当中选择还有空闲非预约泊位的停车场作为候选集,如果候选集不为空,考虑行程时间、舒适度损耗和费用等因素,从候选集中选择广义成本最小的停车场作为目标停车场;如果候选集为空,则进入③。

③出行者从距离目的地 1 千米范围内的所有停车场当中选择排队长度最短的停车场作为目标停车场,并前往该停车场进行排队停车。

4.2.4　仿真流程

基于小汽车的组合出行 Agent 仿真系统的基本流程如图 4-5 所示。

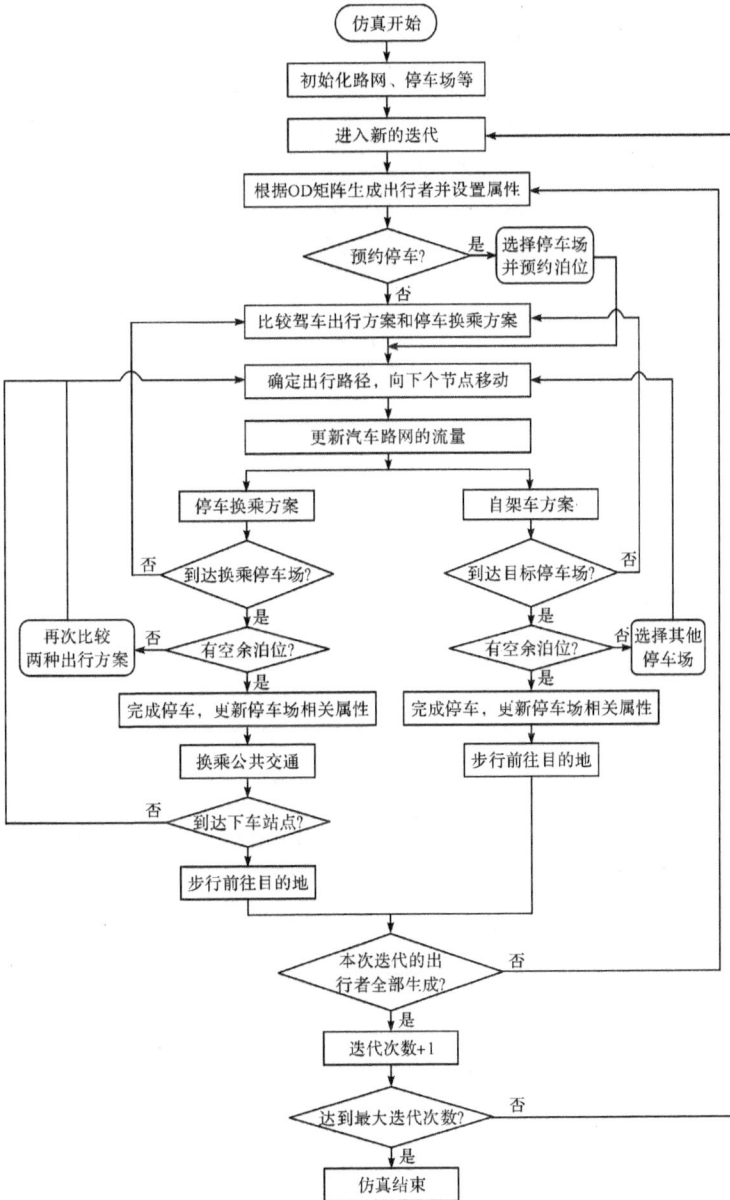

图 4-5　仿真流程

1. 初始化

(1)初始化仿真环境

初始化仿真步长 step、迭代次数 m、最大迭代次数 M、OD 矩阵、预约出行比例η_{booking}、通勤出行比例η_{com}、高收入出行者比例η_{high}以及各种模型参数等。

(2)初始化组合网络

初始化起始节点集合S_O、终止节点集合S_D、停车场节点集合S_P。利用组合网络的邻接矩阵,生成路段对象(即 Link 对象),初始化组合网络各路段的编号 ID^l、长度 Len^l、类型 M^l 等属性。根据路段类型设置与其对应的自由流速度。如果路段类型为 CAR,说明其属于小汽车网络层,需要额外设置该路段的通行能力、BPR 函数的相关参数,加载该路段的初始流量。通过 BPR 函数可以计算小汽车网络层各路段的行程速度和行程时间,公式如下:

$$v^a = \frac{v_{\text{free}}^a}{1 + \alpha \left(\dfrac{q^a}{C^a}\right)^{\beta}} \tag{4-1}$$

$$t^a = \frac{l^a}{v^a} \tag{4-2}$$

式中,v_{free}^a为汽车路段 a 上的自由流速度;q^a为路段 a 上的交通量;C^a为路段 a 上的通行能力;l^a为路段 a 的长度;α 和 β 为 BPR 函数参数。

(3)初始化停车场

生成停车场对象 Parkinglot,初始化其停车费率f_p、预约费f_b、最大泊位容量C_{total}^p、可预约泊位总数C_b^p、非预约泊位总数C_{ub}^p、可预约泊位使用量x_{ub}^p和非预约泊位使用量x_b^p等属性。为方便对组合网络建模,对于同一个停车场,其在小汽车网络层和步行网络层用编号不同的两个节点表示,因此还需要初始化其在小汽车网络层节点编号 N_{car}^p 和步行网络层对应的编号 N_{walk}^p。假设初始时刻预约泊位占有率和非预约泊位占有率是相等的,即

$$O_b^p = O_{ub}^p = \frac{x_b^p}{C_b^p} = \frac{x_{ub}^p}{C_{ub}^p} \tag{4-3}$$

式中,O_b^p为预约泊位占有率;O_{ub}^p为非预约泊位占有率。

2. 生成出行者对象

(1)出行者生成

根据 OD 矩阵随机生成出行者,即 Traveller 对象,设置其编号 ID^t、起点

O、终点 D、出发时刻 T_d 等属性。此外，根据给定的规则随机设置出行者的停车时长 PT，根据设定的通勤比例 η_{com} 和高收入人群比例 η_{high} 随机确定当前出行者的属性 $F_{commuter}$ 和 F_{high} 的值是否为 true。

（2）预约停车属性确定

根据设定的预约停车比例 $\eta_{booking}$ 随机确定当前出行者是否预约停车，若为预约用户，则设置其属性 $F_{booking}$ 为 true，并需要在出发前进行停车预约。出行者首先确定候选停车场，再比较"自驾车出行"和"停车换乘出行"两种方式的广义成本或累积前景值，选择最优方式出行，并进行泊位预约。若预约停车失败，则该出行者转为非预约出行者，其 $F_{booking}$ 属性设置为 false。非通勤出行者考虑行程时间、货币费用（包括燃油费、预约费、停车费）和舒适性损耗等因素计算广义成本来进行预约停车场选择，其计算公式为：

$$C_n^a = w_1 \cdot T_n^a + w_2 \cdot M_n^a + w_3 \cdot U_n^a \tag{4-4}$$

$$\text{s.t.} \quad w_1 + w_2 + w_3 = 1, \text{且 } w_1, w_2, w_3 > 0 \tag{4-5}$$

式中，C_n^a 为第 n 种模式网络弧段 a 的总成本；$\boldsymbol{A}$ 为组合网络中所有弧段的集合；T_n^a 为弧段 a 的时间成本；M_n^a 为弧段 a 由货币转换来的时间成本；U_n^a 为弧段 a 由舒适度损耗转换来的时间成本；w_1, w_2, w_3 分别为时间成本、货币成本和舒适度损耗成本的权重系数，根据收入水平确定。

通勤出行者考虑时间和货币费用两因素来计算综合累积前景值，以此进行预约停车场选择，计算公式：

$$\text{cpv}^i = w_t \cdot \text{cpv}_t^i + w_c \cdot \text{cpv}_c^i \tag{4-6}$$

式中，cpv^i 是方式 i 的综合累积前景值，cpv_t^i 是方式 i 的行程时间的累积前景值，cpv_c^i 为货币费用（换算成时间后）的累积前景值，w_t 和 w_c 为权重系数，且 $w_t, w_c > 0, w_t + w_c = 1$。

（3）将出行者加入集合

将生成的出行者 Traveller 对象添加到出行者集合 $\boldsymbol{S}_{tra}$ 中，便于后续访问。

3. 出行者位置更新与路段流量更新

（1）出行者位置更新

如果出行者尚未到达网络节点处，则需要根据其所在的路段类型沿着该路段前进一段距离 d，d 的计算公式如下：

$$d = \min(D_{nextNode}, \text{step} \cdot v_t) \tag{4-7}$$

式中,step 代表仿真步长;v_i 代表路段对应的行程速度。

若当前路段类型为小汽车路段,需要更新出行者的小汽车出行里程 D_{car} $=D_{car}+d$;若为地铁或公交路段,则更新公共交通出行里程 $D_{public}=D_{public}+$ d;若为步行路段,则更新步行里程 $D_{walk}=D_{walk}+d$。

(2)路段流量更新

遍历集合 $\boldsymbol{S}_{tra}$ 中的每个出行者,检查其当前所在路段 L_{cur},若 L_{cur} 为汽车路段,且出行者的 $F_{firstLink}$ 属性为 true,表示出行者第一次到达该路段,则更新该路段的流量 $q^l=q^l+1$,此外,如果出行者上一条路段 L_{last} 也为汽车路段,说明出行者已经离开上一条路段,则更新上一条路段流量 $q^l=q^l-1$。

4. 路网状态更新

根据汽车网络层中各路段的交通量,更新路网中对应路段的行程速度 v^a 和行程时间 t^a,计算公式如下:

$$v^a = \frac{v^a_{free}}{1+\alpha \left(\dfrac{q^a}{C^a}\right)^\beta} \qquad (4\text{-}8)$$

$$t^a = \frac{l^a}{v^a} \qquad (4\text{-}9)$$

5. 出行者出行路径更新

当出行者到达网络中的节点(包括停车场节点和普通节点)时,其需要根据交通状况动态更新出行路径,确定前往的下一个节点。

(1)停车场决策

①如果出行者选择"停车换乘"方案且到达换乘停车场,根据是否为预约停车以及有无空闲非预约泊位,可以分为三种情况。

情况 1:预约出行。 由于在出发前已进行停车预约,目标停车场已经保留泊位,预约出行者到达停车场可以直接停车,并将该车辆加入停车场的预约停车队列 Q_b。如果出行者是此次出行中第一次到达停车场,则同时更新第一次到达停车场时刻 T_{fp}。随后确定通过公共交通前往目的地的最优路径,更新出行者相关属性,包括停车时刻 T_p、停车标签 F_{park}、刚路过的节点 N_{last}、下一个节点 N_{next}、到下一个节点的距离 $D_{nextNode}$ 等。最后,前往下一个节点。

情况 2：非预约出行且停车场有空闲的非预约泊位。出行者直接完成停车，该停车场将出行者车辆加入非预约停车队列 Q_{ub}，已占用的非预约泊位数 $x_{ub}^p = x_{ub}^p + 1$。如果出行者是此次出行中第一次到达停车场，则同时更新第一次到达停车场时刻 T_{fp}。随后确定通过公共交通前往目的地的最优路径，更新出行者相关属性，包括停车时刻 T_p、停车标签 F_{park}、刚路过的节点 N_{last}、下一个节点 N_{next}、到下一个节点的距离 $D_{nextNode}$ 等。最后，出行者前往下一个节点。

情况 3：非预约出行且停车场没有空闲的非预约泊位。将该停车场加入该出行者的访问过的停车场队列 $P_{visited}$ 中，如果这是此次出行中出行者第一次到达停车场，则同时更新第一次到达停车场时刻 T_{fp}。出行者重新进行方案比选，确定目标停车场和出行路径，更新相关属性，包括刚路过的节点 N_{last}、下一个节点 N_{next}、目标停车场 P_{target}、到下一个节点的距离 $D_{nextNode}$ 等。最后，出行者前往下一个节点。

②如果出行者选择"纯自驾车"方案且到达目的地附近非停车场，根据有无空闲非预约泊位和是否预约停车分为以下三种情况。

情况 1：预约停车出行。由于预约时已经保留车位，因此出行者可以直接停车。将该出行者车辆加入停车场的预约停车列表 Q_b。如果这是此次出行中出行者第一次到达停车场，则设置出行者的第一次到达停车场时刻 T_{fp}。搜索从停车场步行到目的地的最优路径，更新出行者相关属性：停车时刻 T_p、停车标签 F_{park}、下一个节点 N_{next}、到下一个节点的距离 $D_{nextNode}$ 等。

情况 2：非预约出行且停车场有空闲非预约泊位。将该出行者车辆加入停车场的非预约停车列表 Q_{ub}，已使用的非预约泊位 $x_{ub}^p = x_{ub}^p + 1$。如果这是此次出行中出行者第一次到达停车场，则设置出行者的第一次到达停车场时刻 T_{fp}。搜索从停车场步行到目的地的最优路径，更新出行者相关属性：停车时刻 T_p、停车标签 F_{park}、下一个节点 N_{next}、到下一个节点的距离 $D_{nextNode}$ 等。

情况 3：非预约出行且停车场没有空闲非预约泊位。出行者进入"停车巡游"状态，停车巡游并完成停车后，搜索从停车场步行到目的地的最优路径，更新出行者相关属性：停车时刻 T_p、停车标签 F_{park}、下一个节点 N_{next}、到下一个节点的距离 $D_{nextNode}$ 等。

（2）普通节点决策

出行者在普通节点的决策可以分为以下三种情况。

情况 1：如果出行者已经完成停车且到达目的地所在节点，则出行者此次出行结束，更新出行者相关属性：到达目的地时间 T_a、出行结束标签 F_{finish} 等，并将该出行者添加到已结束出行的出行者集合 S_{fin} 中，便于后续数据统计。

情况 2：如果出行者已经完成停车且到达出行途中某节点，则搜索从当前节点到终点的最优路径，并更新出行者相关属性：下一个节点 N_{next}、到下一个节点的距离 $D_{nextNode}$、刚刚访问的节点 N_{last}。

情况 3：如果出行者尚未完成停车且到达某节点，则比较"纯自驾出行"和"停车换乘"两方案，通勤出行者依据累积前景理论进行方式决策，非通勤出行依据期望效用理论进行方式决策。确定最优路径后，更新出行者相关属性：停车换乘标签 F_{PR}、下一个节点 N_{next}、到下一个节点的距离 $D_{nextNode}$、刚刚访问的节点 N_{last} 等。

6. 停车场状态更新

对于每个停车场，分别检查其普通停车队列和预约停车队列，如果车辆的停车时间已到，则将该车辆从停车队列剔除。判断公式为：

$$T_{cur} - T_p > TP \tag{4-10}$$

式中，T_{cur} 指当前时间。其他参数含义见上文。

对于每个停车场，检查其排队停车队列 Q_q，如果存在排队情况且停车场有空闲的非预约泊位，则将排队队列前面 n 辆车辆移出排队队列并加入非预约停车队列 Q_{ub}。n 的计算公式为：

$$n = \min(n_{ub}, n_q) \tag{4-11}$$

式中，n_{ub} 为空闲的非预约泊位数；n_q 为停车排队车辆数。

7. 仿真终止条件判断和数据统计

如果当前迭代次数没有达到最大迭代次数，即 $m \leqslant M$，则返回第二步"生成出行者对象"。

如果达到仿真终止条件，则停止仿真，并统计所有出行者的可利用信息，例如：

巡游时间指从第一次到达某停车场至到达最后一个停车场的时间，即

$$t_s = T_p - T_{fp} \tag{4-12}$$

总出行时间指出行者从出发到抵达终点的时间，即

$$t_{total} = T_a - T_d \tag{4-13}$$

4.2.5 仿真实例

组合网络的交通结构演化过程与停车换乘出行行为,不仅影响因素众多,而且因素间关系复杂。下面通过苏州观前街商圈路网验证前面建立的组合网络模型、出行决策模型以及 Agent 仿真系统的有效性,并通过实例分析理清这些因素的因果关系,探讨交通管理政策对出行方式选择和交通结构演化的引导作用。

1. 实例路网

观前街商圈是苏州市中心城区的核心区,是以商业、办公、娱乐、旅游功能为主的商业和文化中心,区域内有多条地铁线穿过,涵盖多种交通网络,且交通拥堵问题突出,为此姑苏古城区外围已建设多个"P+R"停车场,但新建的"P+R"停车场在核心区换乘出行中使用效果并不理想,存在配套公共交通系统服务状况不佳、停车预约新技术缺乏应用、停车收费政策不合理等问题,因此有必要以该区域的实际路网为案例,构建仿真模型,从系统角度对停车换乘的政策进行评估分析。观前街商圈路网如图 4-6 所示。

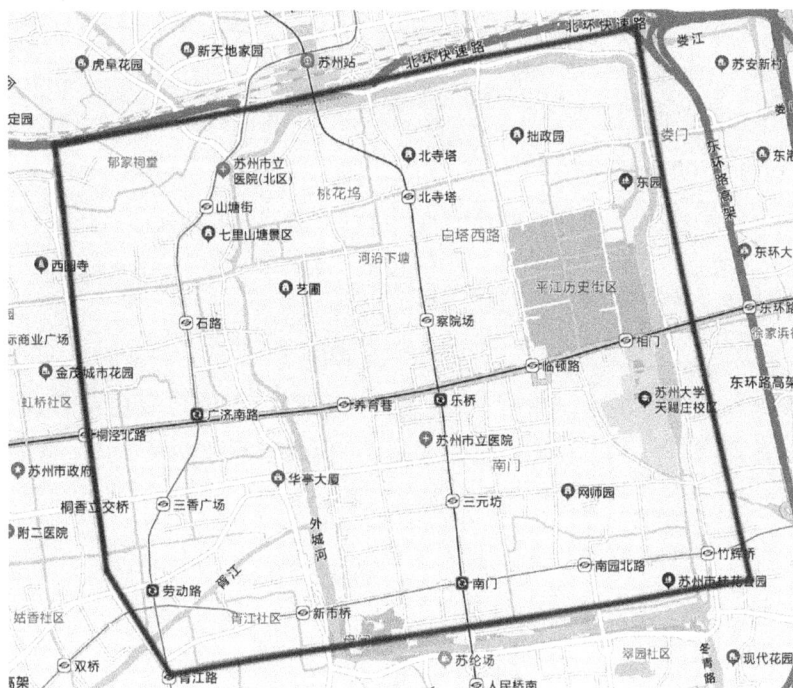

图 4-6 苏州市观前街商圈位置

对观前街商圈路网进行抽象得到的路网拓扑如图 4-7 所示。根据各交通模式的特性进行拓扑，并构造组合网络，如图 4-8 所示。组合网络包含 3 个出发地、2 个目的地、3 个郊区换乘停车场、4 个市中心停车场。限于页面尺寸，仿真路网中路段长度比例不代表真实长度比例。

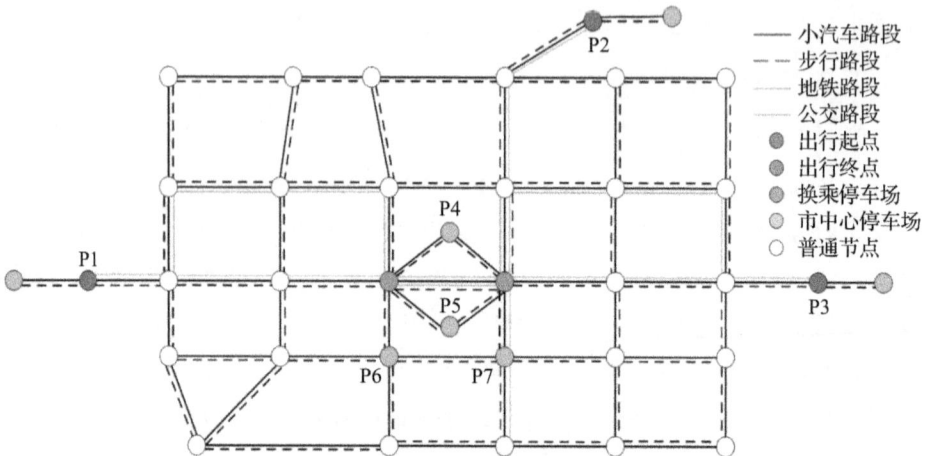

图 4-7　实例区域交通网络拓扑图

2. 数据输入

(1) 出行 OD 设置

假定各起讫点之间高峰时小汽车出行的 OD 矩阵如下：

$$OD = \begin{bmatrix} 150 & 150 \\ 150 & 120 \\ 150 & 120 \end{bmatrix} \tag{4-14}$$

考虑到现实中小汽车出行有"早晚高峰"现象，为使仿真更符合现实，使用分段函数对小汽车出行 OD 进行动态调整，调节函数曲线如图 4-9 所示。

$$f(m) = \begin{cases} 0.00258m + 0.221, & m \leqslant 227 \\ 0.2 \cdot \sin\left(\dfrac{m\pi}{300} - 2.32\right) + 0.8, & 227 < m \leqslant 1145 \\ -0.00171m + 2.7048, & 1145 < m \leqslant 1440 \end{cases} \tag{4-15}$$

$$OD_m = OD \cdot \frac{f(m)}{60} \tag{4-16}$$

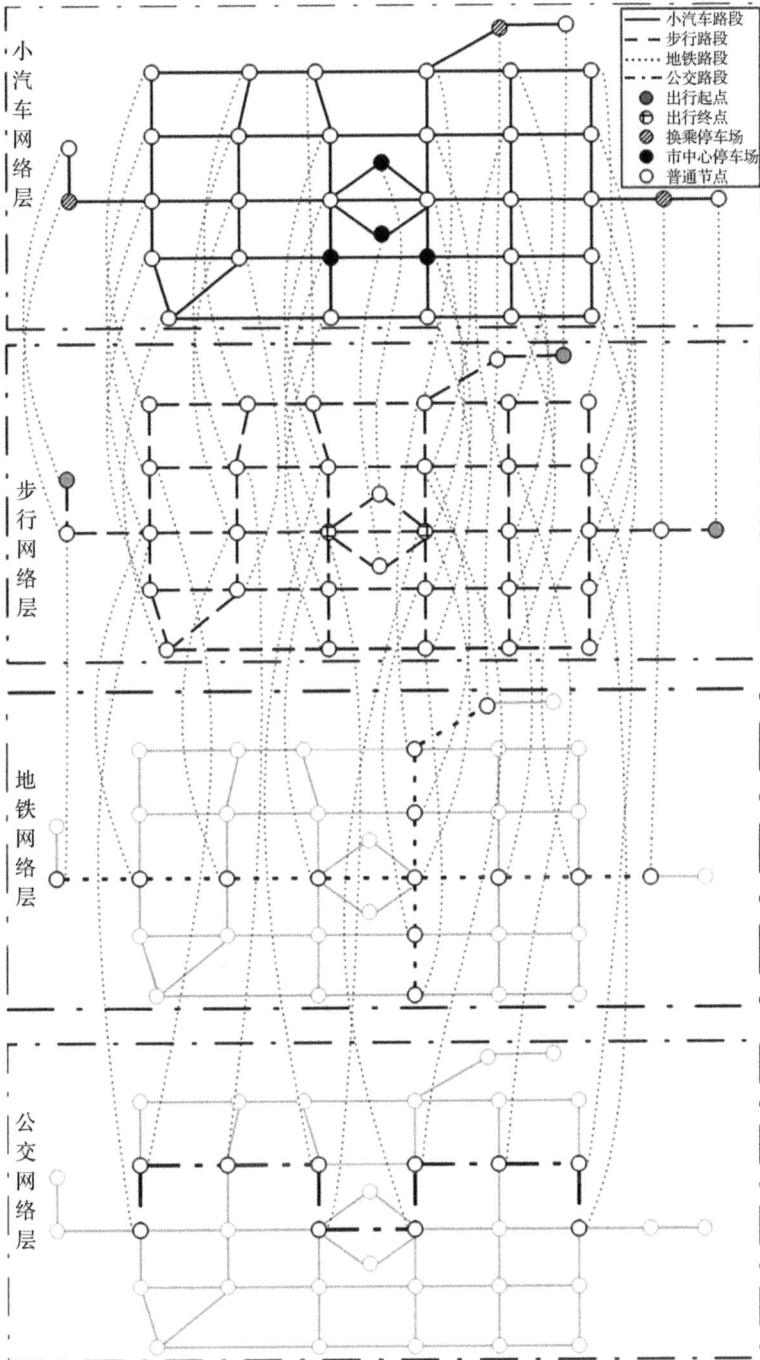

图 4-8　三维展开而成的组合网络

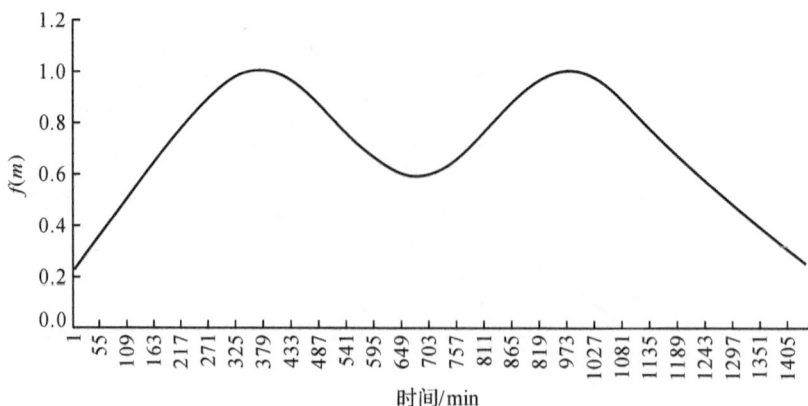

图 4-9　OD 调节函数

（2）仿真系统参数设置

由于广义成本模型、累积前景理论模型及仿真系统涉及众多参数，而参数标定并不是研究重点，因此参数的选取参考各类规划、手册及已有研究成果，尽量保证参数设置合理。

①仿真时钟。设置仿真步长为 $\Delta t = 1\text{min}$，仿真总时长为 24h，即 1440min。由于仿真背景为"供小于需"，因此设置 290min 的冷却时间，即前 1150min 出行者按既定概率生成，后 290min 无出行者生成。

②停车时长。假定小汽车出行者的停车时长服从均值为 120min、标准差为 60min 的正态分布，即

$$pt(x) = \frac{1}{\sqrt{2\pi} \cdot 60} \exp\left(-\frac{(x-120)^2}{2 \cdot 60^2}\right) \tag{4-17}$$

③停车场参数。路网中各停车场泊位数量和费用设置如表 4-5 所示。

表 4-5　停车场参数设置

停车场	泊位总数	可预约泊位数	非预约泊位数	初始可预约泊位占有率	初始非预约泊位占有率	停车费/（元/时）	预约费/元
1	1000	0	1000	0	0	10	10
2	1000	0	1000	0	0	10	10
3	1000	0	1000	0	0	10	10
4	500	0	500	0	0	10	10
5	500	0	500	0	0	10	10
6	500	0	500	0	0	10	10
7	500	0	500	0	0	10	10

④广义成本模型参数。对于步行的参数选取，主要参考《道路通行能力手册》(HCM2010)。公交车和地铁的货币费用参考苏州公共交通的实际收费情况，公交和地铁的运行速度及发车时间间隔参考苏州交通实际情况。小汽车燃油费、舒适性损耗参数、货币费用—时间折算系数以及舒适度损耗—时间折算系数参考李红莲(2011)和孟梦(2013)的研究成果。具体参数见表4-6。

表4-6　广义成本模型参数取值

参数类别	参数符号	含义及取值
步行相关	v_w	步行速度，取1.2m/s
	s_w	步行舒适度损耗，取0.3
公交相关	v_b	公交在专用道上的平均运行速度，取25km/h
	s_b	公交舒适度损耗，取0.2
	fee_b	公交车票价，取2元
	t_{bus}	公交平均发车时间间隔，取15分钟
地铁相关	v_s	地铁平均运行速度，取40km/h
	s_s	地铁舒适度损耗，取0.1
	fee_s	地铁票价，取4元
	t_s	地铁平均发车时间间隔，取6分钟
小汽车相关	v_{free}	小汽车自由流速度，取40km/h
	C	道路通行能力，取1800辆/h
	α_{bpr}	BPR模型参数，取1
	β_{bpr}	BPR模型参数，取5
	s_c	小汽车舒适度损耗，取0.01
	ρ	小汽车燃油费，取0.8元/km
广义成本模型权重系数	w_1	时间成本权重，高收入者取0.5，低收入者取0.2
	w_2	货币成本权重，高收入者取0.2，低收入者取0.5
	w_3	舒适度损耗权重，高收入者取0.3，低收入者取0.3

⑤累积前景理论相关参数。累积前景理论模型中的风险态度系数和损失规避系数取值参考Zhang X and Fan Z(2012)以及Hu X et al.(2011)的研究成果。具体参数取值见表4-7。

表 4-7　累积前景理论相关参数取值

参数符号	含义及取值
α	风险态度系数,取 0.89
β	风险态度系数,取 0.92
λ	损失规避系数,取 2.25
η_{ac}	可接受系数,暂取 1.2
w_t	综合累积前景值中时间权重,对于高收入者取 0.6,低收入者取 0.4
w_c	综合累积前景值中货币费用权重,对于高收入者取 0.4,低收入者取 0.6

⑥其他参数。假定 7:00—9:00 和 17:00—19:00 为出行高峰,出行高峰期间通勤出行人数比例为 60%。在所有小汽车出行者中,高收入者和低收入者各占 50%。若将面向停车换乘的 Agent 仿真系统应用于实际的交通政策评估,系统中的各项参数都需要设计相应的研究方法来进行标定。

自此,面向停车换乘的多模式组合交通出行的仿真系统构建完毕,且已基于苏州关前街商圈路网设定相应参数数值。

4.3　基于多模式交通组合 Agent 系统的典型交通政策评估

由于公共交通在碳排放和社会效益等方面优于小汽车出行,因此改善城市交通状态的一般思路是提高公共交通的出行比例,降低小汽车出行比例。然而,由于在舒适度和可达性等方面小汽车仍然强于公共交通,小汽车拥有者选择公共交通出行的意向不大,而“P+R”模式融合了小汽车出行和公共交通出行的优点,既能弥补公共交通在城市郊区覆盖率不足的缺点,又能减少进入市中心的小汽车流量。为了验证面向停车换乘的 Agent 仿真系统对多模式交通管控的指导作用,本节分析公共交通票价、发车频率、出行时间不确定性、停车预约系统、停车费定价策略等因素对出行者方式选择和社会效益的影响。为降低仿真结果的波动性,所有结果均仿真 3 次取其平均值。

4.3.1　评价指标

从交通结构来看,组合出行链不仅包含了出行量、各模式使用频率、运距等信息,也包含了模式转换次数等信息。可以将出行链按不同模式拆分,再以

144

客运周转量为指标分别进行统计,能够更加客观反映交通结构。例如,假设步行和地铁两种模式有相等的运量,而前者的平均出行距离远远低于后者的,那么这两种模式对城市客运量的分担率不能视为一样,因为两者所承载的行车公里数不同。因此,用客运周转量表征交通结构较为合理,该指标同时考虑了各模式的客运量和客运距离。各种模式的客运周转量计算公式为:

$$CV^m = \sum_k (\sum_{a \in f} l_a^m) q_{f \in k}^m, \quad m \in \pmb{M} \tag{4-18}$$

式中,CV^m 是模式 m 的周转量;$\pmb{M}$ 是所有模式的集合;l_a^m 是模式 m 中路段 a 的长度;f 是模式 m 在超路径中连续占有的路段集;$q_{f \in k}^m$ 是该路段集对应的模式交通量;k 是超路径。模式 m 的分担率 SR^m 的计算方法为:

$$SR^m = \frac{CV^m}{\sum_{i \in M} CV^i} \tag{4-19}$$

除上面给出的分担率外,平均行车公里数(AVKT)是一项评价车辆在某区域内行驶里程的常用指标。在相同条件下,平均行车公里数越小,说明车辆到达目的地的总里程越少,社会总体效益越高,同时也可以在一定程度反映停车巡游情况。

4.3.2 公共交通票价和发车频率分析

降低公共交通票价可以降低公共交通出行的成本,提高公共交通发车频率可以提高公共交通出行效率,这两种措施均是吸引出行者选择公共交通的可行措施。

图 4-10 表示在不考虑预约停车(即 $\eta_{booking} = 0$)的情况下,各停车场的泊位占有率在一天中的变化情况,从图中可以看出,由于仿真背景为"需求大于供给",市中心停车场的泊位占有率大部分时间都处于高位,其中停车场 4 和 5 等热门停车场泊位占有率基本上一直处于 1 的水平。停车场 6 的泊位占有率曲线呈现"双峰型",早晚高峰时泊位占有率随着出行高峰而升高,中午前后泊位占有率则比较低。与此同时,城市外围的换乘停车场在一天的时间范围中,只在早高峰时泊位占有率升高至 0.2 左右,晚高峰升高至 0.4 左右,其余时间泊位占有率基本为 0,这主要是因为在早晚高峰时期,市中心区域道路饱和度过大,导致车辆行驶速度处于低水平,因此在进行出行路径的成本计算时,自驾车出行的成本高于停车换乘出行,部分出行者因此选择停车换乘出行。

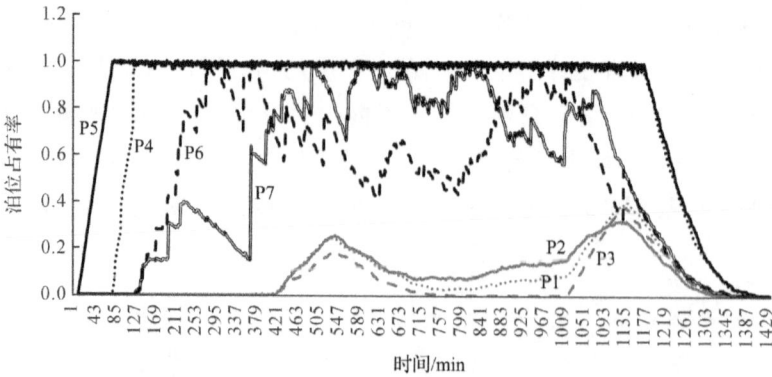

图 4-10　各停车场泊位占有率随时间的变化情况

由此可见,在当前状态下,因为停车换乘出行在总成本上并不优于自驾车出行,所以小汽车出行者并没有动力放弃小汽车出行转而使用停车换乘方案。下面将分析降低公共交通票价和减小公共交通发车频率对于出行者方式选择的影响。

在换乘停车场和市中心停车场停车费定价相同的情况下,分析降低公共交通票价和减小公共交通的发车时间间隔对出行者方式选择的影响。图 4-11 显示了公共交通票价从原价逐渐降为 0 时停车换乘出行者占比和公共交通分担率的变化。从图中可以看出,停车换乘出行比例从 13% 增长到 20% 左右,增长了 7 个百分点;公共交通分担率从 10% 增长到 15%,增长了 5 个百分点。

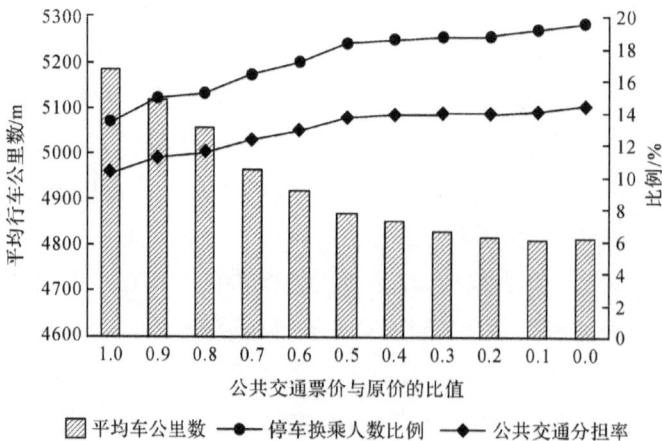

图 4-11　停车换乘比例、公共交通分担率与票价的关系

图 4-12 显示了公共交通发车时间间隔从原时长逐渐减少二分之一时(从技术角度来看,公共交通发车时间间隔不可能为 0,且缩短发车时间间隔技术难度高,所以最低比值设置为 0.5),停车换乘人数比例和公共交通分担率的变化情况,从中可以看出,停车换乘出行比例占比从 13％增长到 31％,增长了 18 个百分点;公共交通分担率从 11％增长到 24％,增长了 13 个百分点。

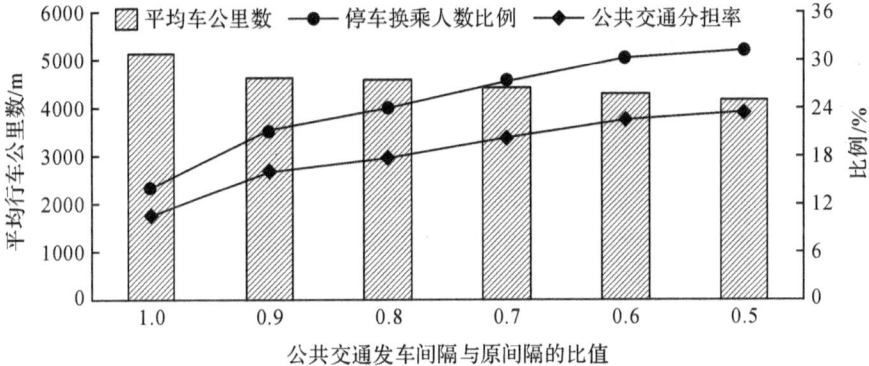

图 4-12　停车换乘比例、公共交通分担率与公共交通发车间隔的关系

通过上面分析可知,公共交通票价降为 0 时能够使停车换乘比例提高 7％,公共交通发车时间缩短一半能够使停车换乘比例提高 18％。由于时间在广义成本中比重较大,减小候车时间更能吸引小汽车出行者选择停车换乘出行。

4.3.3　时间不确定性对通勤出行的影响

根据累积前景理论,出行时间的不确定性会对出行者的决策产生重要影响,考虑到通勤出行者在进行方式选择和路径选择时往往受到出行时间的约束,下面将在不考虑预约停车(即 $\eta_{booking}=0$)的情况下通过调整路段行程时间分布的标准差来分析时间不确定性对通勤出行者方式选择的影响。

假设路段行程时间服从正态分布,小汽车网络层的路段行程时间的不确定性比地铁和公交(两者分布行驶在轨道和公交专用道上)大,因此汽车路段行程时间的标准差 σ_{car} 与均值 μ_{car} 的比值 $\eta_{car}^{sd}=0.4$,其他路段标准差 σ_{other} 与均值 μ_{other} 的比值 $\eta_{other}^{sd}=0.3$。

图 4-13 表示在可接受系数（$\alpha_{\text{accept}}=1.2$）和（$\eta_{\text{other}}^{sd}=0.3$）保持不变，$\eta_{\text{car}}^{sd}$ 的值以 0.1 的步长从 0.1 增长到 0.8 的情况下，人数通勤出行者停车换乘比例和公共交通分担率的变化情况。

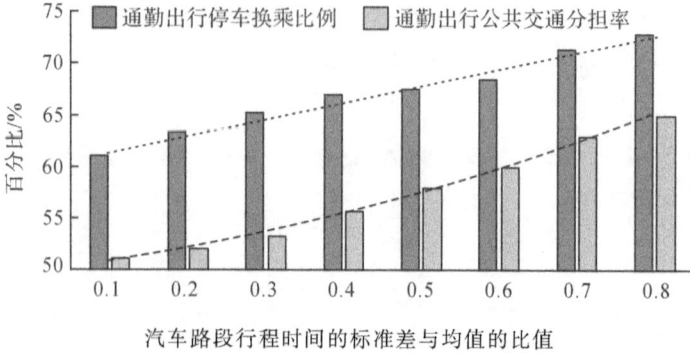

图 4-13　小汽车出行时间不确定性对通勤出行者方式选择的影响

由图可知，在小汽车路段行程时间不确定性越来越大时，通勤出行者由于受到出行时间约束，放弃自驾车出行转而选择停车换乘的人数越来越多，通勤出行者停车换乘比例从 61％升高至 73％，增长了 12 个百分点；公共交通分担率也因此从 51％升高至 65％，增长了 14 个百分点。由此可见，小汽车出行时间分布的标准差增大会导致出行不确定性增大，迟到的风险也因此增大，与此同时，公共交通尤其是地铁的时间不确定性较小，所以通勤出行者转向选择停车换乘出行，以降低出行风险。

图 4-14 表示在可接受系数（$\eta_{ac}=1.2$）和（$\eta_{\text{car}}^{sd}=0.4$）保持不变、$\eta_{\text{other}}^{sd}$ 的值从 0.3 减小到 0 的情况下，通勤出行者停车换乘比例和公共交通分担率的变化情况。

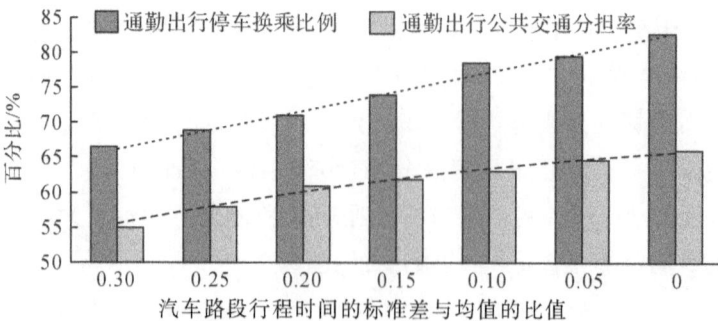

图 4-14　公共交通出行时间不确定性对通勤出行者方式选择的影响

从图中可以看到,停车换乘比例从 66% 增长到 83%。由此可知,如果公共交通的时间不确定性能进一步减小,那么同样会吸引更多的通勤出行者选择停车换乘出行,提高公共交通的分担率,从而改善市中心区域的交通环境。

4.3.4　停车预约系统对交通的影响

停车预约系统是指小汽车出行者提前通过网上系统在停车场预约一个泊位,该泊位将一直保留直到该出行者完成停车,该系统保证了小汽车出行者在到达停车场后直接停车,不用排队停车或寻找其他停车场,减少了停车巡游带来的额外交通流量,改善市中心的交通环境。

图 4-15 表示在预约停车出行比例以步长 0.1 从 0 增长为 1(停车场可预约泊位按相同比例设置,即 $\eta_{booking} = \eta_b$)的情况下,平均行车公里数的变化情况。由图可知,在预约停车比例由 0 上升至 0.1 时,平均行车公里数由 5132 米上升至 5239 米,这是因为停车预约系统虽然对个人来说可以降低出行的不确定性,但是由于非预约泊位减少以及预约泊位在预约者完成停车之前一直处于资源空置状态等原因,社会总体效益有所下降。随着预约比例从 0.1 逐步升高至 1,平均行车公里数由原先的上升趋势转变为快速下降,这是由于预约停车者数量增多,使得停车巡游现象减少。这一点也可以从图 4-16 得到佐证,在图 4-16 中,平均巡游时间也是先上升后下降,与平均行车公里数变化趋势一致。由此可见,停车预约系统可以有效减少平均行车公里数、停车巡游时间,对社会总体效益有着积极作用。

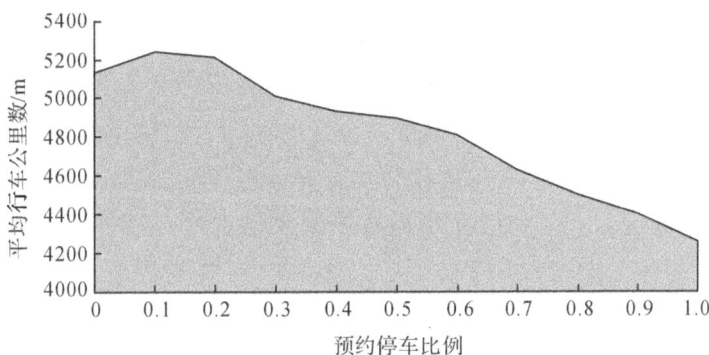

图 4-15　预约停车比例与平均行车公里数的关系

　　由图 4-16 可知,随着预约停车比例的增加,巡游车辆比例呈现下降趋势,平均停车巡游时间呈现先上升后下降的趋势,与平均行车公里数变化趋势一致。在预约停车比例升高至 1 时,平均停车巡游时间从原先的 7min 下降至 0,巡游车辆比例也从开始的 45% 下降至 0。由此可见,停车预约系统确实有助于减少停车巡游现象,对于改善市中心区域的交通环境有一定作用。

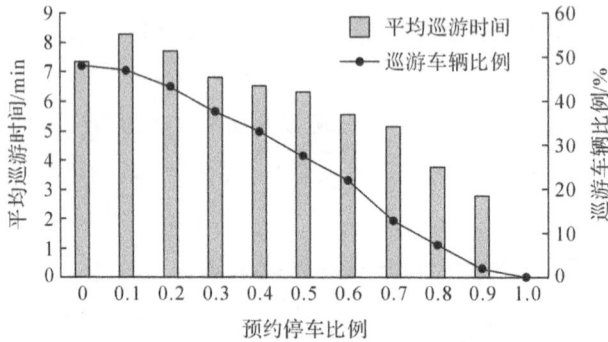

图 4-16　预约停车比例与停车巡游的关系

　　图 4-17 表示停车换乘比例、公共交通分担率与预约停车出行者比例的关系,当预约停车比例逐渐由 0 升高至 1 时,停车换乘人数比例和公共交通分担率均呈现先下降后上升的趋势,两者之所以在预约停车比例由 0 升高至 0.2 的过程中出现下降趋势,原因在于随着停车预约比例上升,换乘停车场中越来越多的车位被划分为可预约泊位,但是这些泊位在预约者到来之前一直处于空置状态,停车资源得不到有效利用,而另一方面,普通出行者可使用的泊位资源减少,在停车需求大于供给的仿真背景下,部分出行者不得不放弃停车换乘转而自驾车出行前往目的地。当预约停车比例由 0.2 升高至 1 的过程中,停车换乘比例和公共交通分担率开始逐渐回升,甚至远超过预约停车比例为 0 时的值。预约停车比例为 1 时,停车换乘比例升高至 24%,比预约停车比例为 0 时高了 11%,原因在于随着越来越多出行者选择停车预约,市中心的可预约泊位供不应求,此时部分出行者不得不选择停车换乘方式完成出行,使得停车换乘出行人数比例上升,进而使得公共交通分担率也上升。

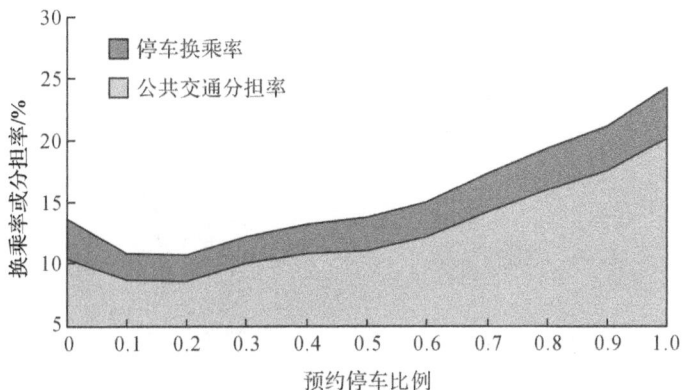

图 4-17　停车换乘率、公共交通分担率与预约停车比例的关系

通过前面对图 4-15 至图 4-17 的分析可知,停车预约系统有利于减少停车巡游现象,从而改善市中心区域的交通环境,然而,在预约停车和非预约停车共存的情况下,停车预约系统可能会导致公共交通分担率和社会效益下降。因此,倘若要在实际中引入停车预约系统,如何设置可预约泊位的比例是一个值得重点研究的问题。

4.3.5　停车费率定价策略分析

提高停车费率是抑制小汽车出行的有效措施之一。下面将在不考虑停车预约(即 $\eta_{booking}=0$)的背景下,分析不同的市中心停车场停车费率定价策略对出行者方式选择及社会总体效益的影响。第一种定价策略是停车费率固定不变,第二种是泊位占有率与道路饱和度驱动的停车费率定价策略。下文为方便起见,将第一种定价策略称为"固定定价",第二种定价策略称为"变动定价"。

参考 Lam et al.(2006)的研究成果,给出泊位占有率与道路饱和度驱动的停车费率定价策略函数为:

$$f=f_{fixed}[1+\alpha(w_1 \cdot R_{park}+w_2 \cdot S_{road})^{\beta}] \tag{4-20}$$

式中,f_{fixed} 为固定停车费率;R_{park} 为停车场的泊位占有率;S_{road} 为停车场节点直接相连路段的平均饱和度;α、β 分别为模型系数,参考 Lam et al.(2006)的研究成果进行取值,$\alpha=2$,$\beta=4.03$;w_1、w_2 为权重系数,且 $w_1+w_2=1$,假定

$w_1 = w_2 = 0.5$。在上述参数组合下的函数关系如图 4-18 所示。

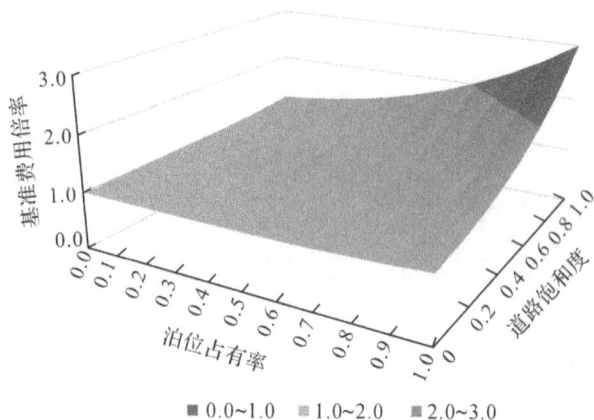

图 4-18 泊位占有率、道路饱和度与固定费率倍率的关系

取式(4-14)的 OD 矩阵作为基准矩阵,按照倍率 n_{od} 将其等比例缩放可以得到不同出行人数的 OD 矩阵。下面将通过改变 n_{od} 来分析两种定价策略在不同 OD 需求下对市中心停车场和郊区换乘停车场的影响。

由表 4-8 可知,随着 OD 需求的增长,由于市中心停车场泊位总量有限以及市中心道路拥堵导致路段行程速度下降等原因,驾车出行的广义成本上升,所以选择停车换乘的出行者不断增长。因此,不论是采用固定定价策略还是变动定价策略,停车换乘比例和公共交通分担率均呈现上升趋势。与此同时,随着出行人数不断增长,市中心的泊位供给满足不了停车需求,导致平均停车巡游时间和巡游车辆比例也不断增长。

表 4-8 OD 出行需求增长对不同定价策略下交通结构的影响

基准 OD 矩阵倍率	定价策略	平均行车公里/m	平均巡游时间/min	巡游车辆比例/%	停车换乘比例/%	公共交通分担率/%
0.6	固定	5047.8	7.00	30.0	10.4	8.2
0.6	变动	4806.7	5.17	22.6	12.0	9.9
0.8	固定	5069.2	6.95	43.9	13.2	10.2
0.8	变动	4876.5	6.09	35.1	14.2	11.2
1.0	固定	5167.4	6.76	50.3	13.5	10.3
1.0	变动	4962.9	6.16	42.6	14.7	11.4
1.2	固定	5349.7	9.85	57.7	18.5	13.0

基准 OD 矩阵倍率	定价策略	平均行车公里/m	平均巡游时间/min	巡游车辆比例/%	停车换乘比例/%	公共交通分担率/%
1.2	变动	5068.6	9.59	55.2	22.9	16.1
1.4	固定	5820.3	15.02	64.4	20.7	13.3
1.4	变动	5140.1	11.13	56.3	25.9	17.7
1.6	固定	6508.5	23.08	68.2	24.5	14.3
1.6	变动	5303.3	15.12	58.2	27.3	17.7
1.8	固定	6601.0	27.98	68.3	26.7	15.1
1.8	变动	5573.3	17.91	59.8	28.1	18.9

此外,从表 4-8 可知,在 OD 需求增长的过程中,市中心停车场停车费用采用变动定价策略与固定定价策略相比,前者的平均行车公里数、平均巡游时间及巡游车辆比例均低于后者,而前者的停车换乘比例和公共交通分担率均高于后者,这是因为增加停车费使得部分价格敏感者放弃开车前往市中心而选择停车换乘出行。由此可见,在一定的 OD 需求范围内,基于泊位占有率和道路饱和度的停车费定价策略优于固定定价策略,确实能够有效促进出行者选择停车换乘出行,改善市区的交通环境。

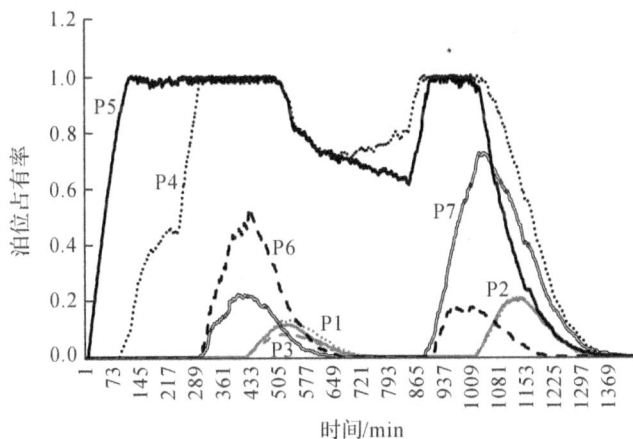

图 4-19　变动定价下泊位占有率(n_{ot}＝0.6)

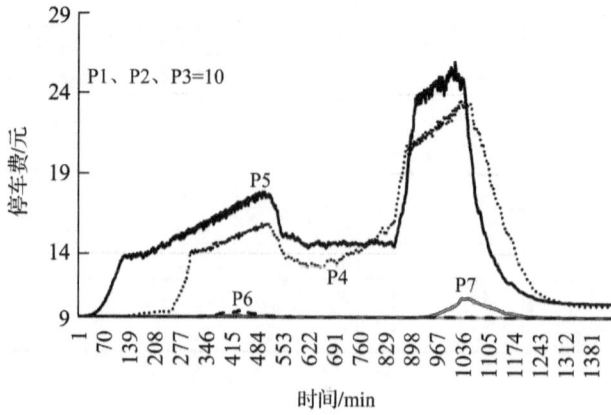

图 4-20　变动定价下停车费($n_{ol}=0.6$)

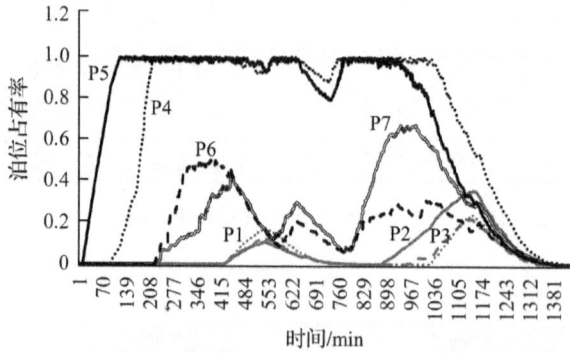

图 4-21　变动定价下泊位占有率($n_{ol}=0.8$)

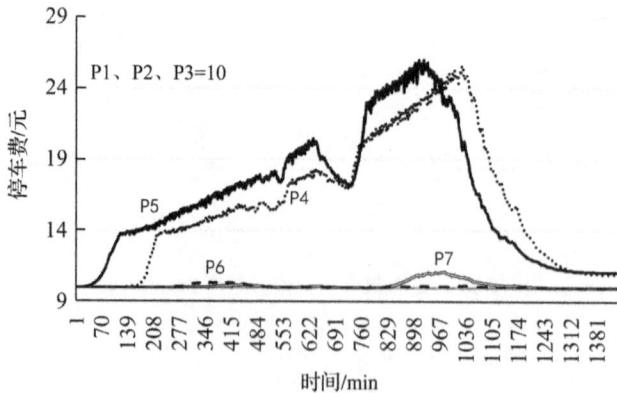

图 4-22　变动定价下停车费($n_{ol}=0.8$)

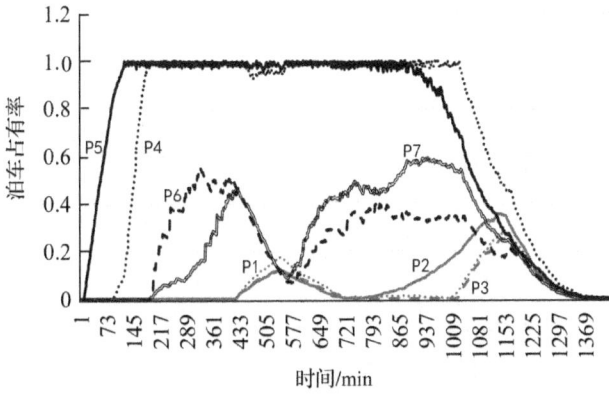

图 4-23　变动定价下泊位占有率($n_{\alpha}=1$)

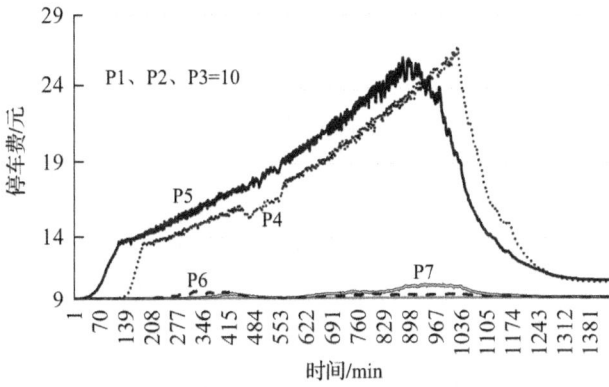

图 4-24　变动定价下停车费($n_{\alpha}=1$)

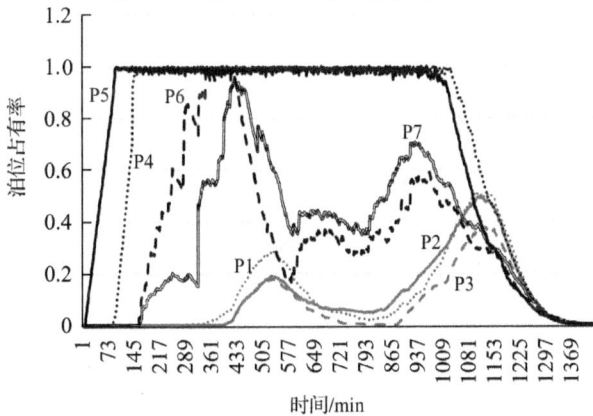

图 4-25　变动定价下泊位占有率($n_{\alpha}=1.2$)

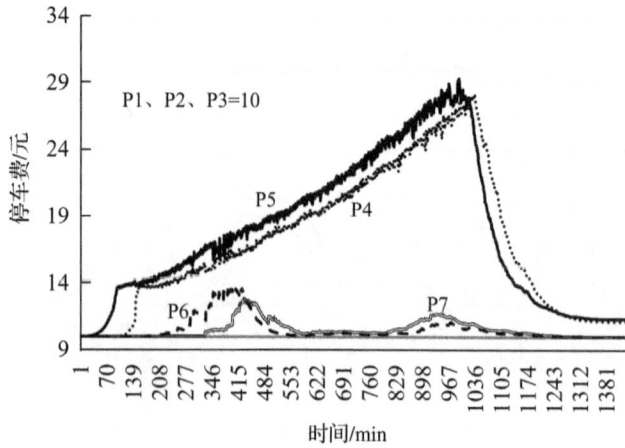

图 4-26　变动定价下停车费($n_{cd} = 1.2$)

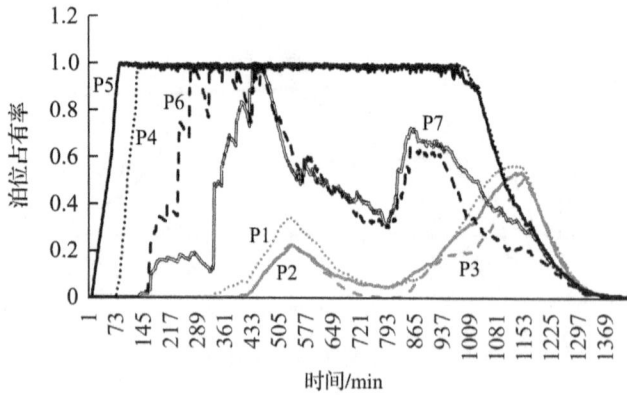

图 4-27　变动定价下泊位占有率($n_{cd} = 1.4$)

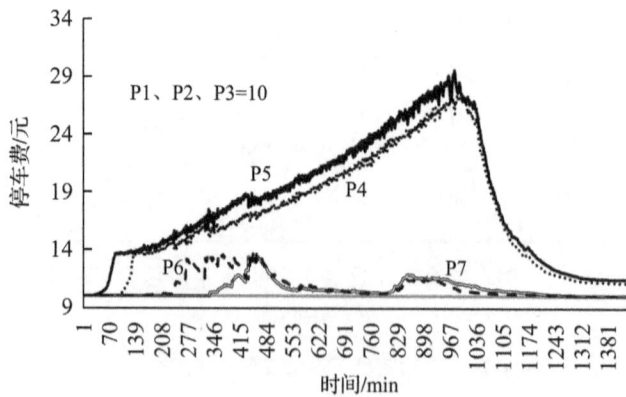

图 4-28　变动定价下停车费($n_{cd} = 1.4$)

　　由图 4-19 至图 4-32 可知,在 OD 出行逐渐增加的情况下,停车需求增加,同时市中心道路饱和度也不断增大,在变动定价策略下,市中心停车场的停车费呈现上涨的趋势。此外,停车场 4 和 5 的泊位占有率一直高于其他停车场,这说明这两个停车场为热门停车场,从其停车费一直高于其他停车场可以佐证这点。

　　由图 4-19 至图 4-32 可知,当 OD 出行量较低的时候,市中心停车场的泊位占有率图与停车费图均随着早晚出行高峰呈现"双峰型",这个时候换乘停车场泊位占有利率保持在较低水平;随着 OD 出行量逐渐增加,市中心区域泊位供不应求,市中心停车场泊位占有率图逐渐从"双峰型"转变为"单峰型",与此同时,换乘停车场的泊位占有率也逐渐增高,这是因为市中心泊位不足以满足停车需求导致一部分出行者选择停车换乘出行。

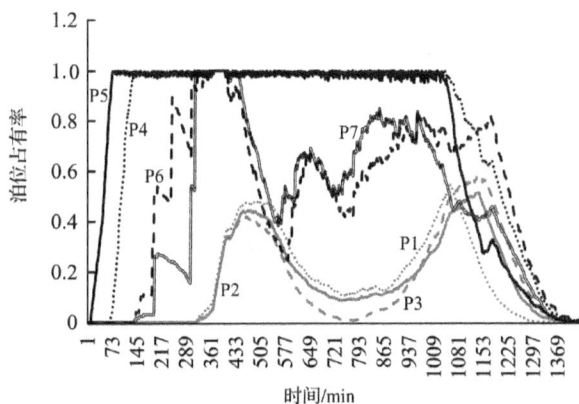

图 4-29　变动定价下泊位占有率($n_{od} = 1.6$)

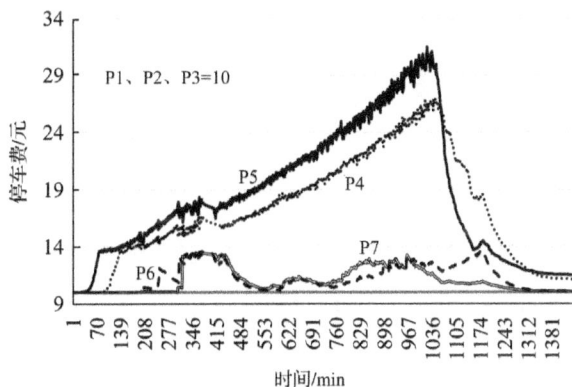

图 4-30　变动定价下停车费($n_{od} = 1.6$)

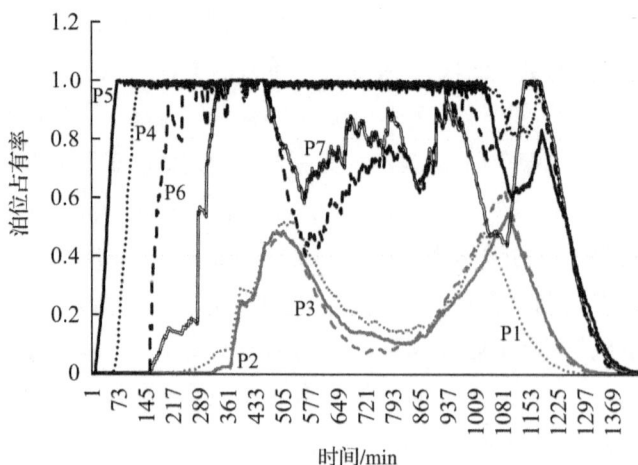

图 4-31　变动定价下泊位占有率($n_{od} = 1.8$)

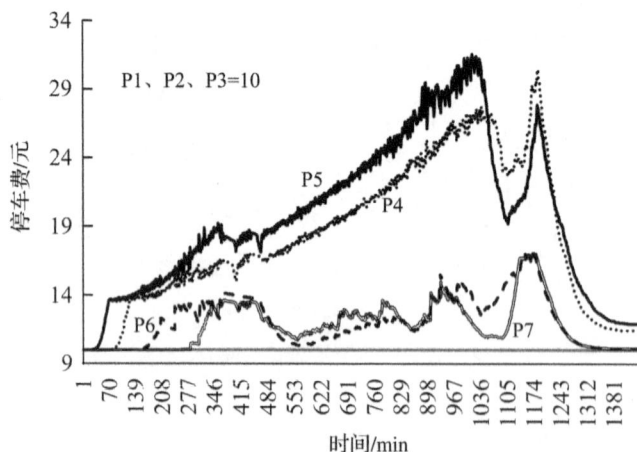

图 4-32　变动定价下停车费($n_{od} = 1.8$)

4.3.6　基于遗传算法的停车场泊位分配优化

上述的交通场景中停车场预约泊位比例设置都是默认与预约出行人数比例保持一致,即 $\eta_{booking} = \eta_b$。预约出行比例可以看作停车预约系统的市场占有率,在无外部因素作用下,该比例会在一段时间内保持相对稳定。停车管理方的角色应该是调节停车供给和停车需求(如价格机制、泊位配置)来影响区域停车行为,以达到社会效益或停车场收益最大化。因此在固定预约出行人数比例（$\eta_{booking}=0.5$）的情况下，研究停车场可预约泊位配置比例优化问题。各停车场泊位配置比例对系统性能的影响不是独立的，如果采用枚举法进行寻优，计算量过于庞大，所以本节采用经典的遗传算法进行优化求解。

遗传算法是模仿生物进化机制而来的优化方法，借鉴了生物进化中的遗传、变异、自然选择和杂交等现象。遗传算法能在搜索过程中自动获取和积累有关搜索空间的知识，自适应地控制搜索过程，是一种高效、全局寻优的方法，其求解过程如图 4-33 所示。基于 Agent 的仿真结果具有波动性，因此遗传算法所得解并非最优解，而是一个优化解。现实中交通参与者的行为本身也存在随机性，停车管理方只需给出一个相对较优的泊位配置方案即可。为了使用遗传算法，将 Agent 仿真程序嵌入适应度函数中，输入参数为各停车场可预约泊位比例，返回值为优化目标值。为降低仿真结果的波动性，每组参数仿真 3 次取其平均值。

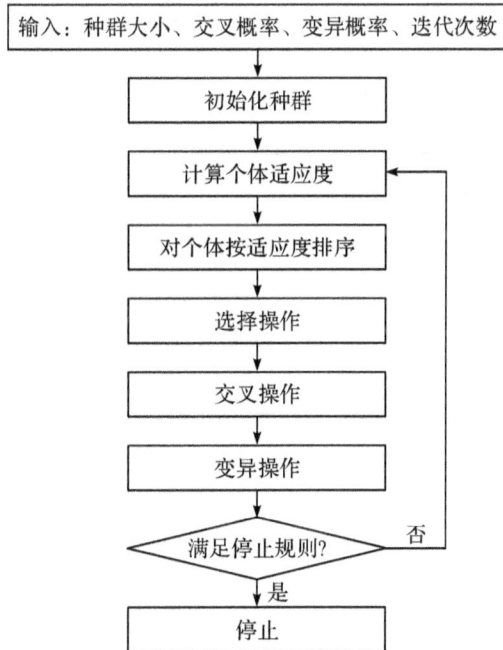

图 4-33　遗传算法流程

遗传算法采用 SBX 交叉算子和多项式变异算子,交叉率为 0.9,变异率为 0.167,种群数量为 50,最大进化代数为 100。下面将分别以平均行车公里数和公共交通分担率为优化目标,使用基于 Java 开发的算法库 JMetal 对停车可预约泊位比例进行优化求解。

由表 4-9 可知,以平均行车公里数为目标对停车场泊位分配进行优化后,各停车场的可预约泊位比例均发生了变化,其中停车场 5 和 6 的可预约泊位比例分别从 0.5 降低为 0.028 和 0.079,该比例几乎可以忽略不计,其余停车场的可预约泊位比例均升高。以公共交通分担率为目标对停车场泊位分配进行优化后,停车场 6 和 7 的可预约泊位比例大幅下降到可以忽略不计,停车场 2 和 3 可预约泊位比例均上升至 0.7 以上,其余停车场可预约泊位比例下降至 0.2 左右。

表 4-9　优化前后各停车场可预约泊位比例

指标	可预约泊位比例						
	P1	P2	P3	P4	P5	P6	P7
优化前	0.5	0.5	0.5	0.5	0.5	0.5	0.5
优化目标:平均行车公里数	0.568	0.702	0.569	0.185	0.028	0.079	0.791
优化目标:公共交通分担率	0.131	0.788	0.712	0.248	0.157	0.006	0.030

表 4-10　优化前后各评价指标对比分析

指标	平均行车公里数/m	平均巡游时间/min	巡游车辆比例/%	停车换乘比例/%	公共交通分担率/%
优化前	4938.56	7.36	28.66	14.09	11.31
优化目标:平均行车公里数	3700.06	3.55	10.43	33.14	27.54
优化目标:公共交通分担率	3809.78	3.08	11.71	35.42	29.33

由表 4-10 可知,以平均行车公里数为目标进行优化后,平均行车公里数从 4938.56 米降低为 3700.06 米,下降幅度达到了 25%,同时平均巡游时间和巡游车辆比例也大幅下降,而公共交通分担率大幅升高。以公共交通分担率为目标进行优化后,公共交通分担率从优化前的 14.09% 升高到

35.42%,提高了 21 个百分点,优化效果显著。同时也可以发现,以平均行车公里数为目标进行优化和以公共交通分担率为目标进行优化所得到的平均行车公里数和公共交通分担率比较接近,这是因为平均行车公里数和公共交通分担率两个指标具有"同质性",均能反映社会总体效益,对其中任意一个指标进行优化,另一个指标也会得到改善。

4.4　研究总结

　　城市外围区域公共交通覆盖率和服务水平低,在可达性和舒适度等方面不如小汽车,小汽车拥有者优先使用小汽车出行的趋势仍较为明显,大城市交通拥堵依然严重;综合交通运输系统已经形成,但尚未有效利用各交通的优点以达到社会总体效益最优。我们研究开发了面向停车换乘的组合出行 Agent 仿真系统,为了使仿真系统贴合组合出行的实际情况,在多模式交通组合网络的构建方法、通勤出行与非通勤出行的决策模型的基础上,给出了仿真系统的详细设计方案,然后以苏州观前街商圈路网为实例,通过该仿真系统对影响出行者停车换乘的典型交通政策进行评估,分析了公共交通票价、发车频率、出行时间不确定性、停车预约系统、停车费率定价策略等因素对出行者方式选择和社会效益的短期影响,最后利用遗传算法对停车场泊位配置进行优化分析。

参考文献

[1] Alhazmi Y A, Mostafa H A, Salama M. Optimal allocation for electric vehicle charging stations using trip success ratio[J]. International Journal of Electrical Power & Energy Systems, 2017,91:101-116.

[2] Bernardino J, van der Hoofd M. Parking policy and urban mobility level of service-system dynamics as a modelling tool for decision making[J]. European Journal of Transport and Infrastructure Research, 2013,13(3):239-258.

[3] Fan W H, Chen P Y, Shi D M, et al. Multi-agent modeling and simulation in the AI Age[J]. Tsinghua Science and Technology, 2021,26(5): 608-624.

[4] Feeney, Bernard P. A review of the impact of parking policy measures on travel demand[J]. Transportation Planning & Technology, 1989,13 (4):229-234.

[5] Hu X, Wang J, Sun G. Travelers mode choice behavior analysis under bounded rational[J]. Journal of Harbin Institute of Technology, 2011, 43(12):114-118.

[6] Lam W, Li Z C, Huang H J, et al. Modeling time-dependent travel choice problems in road networks with multiple user classes and multiple parking facilities[J]. Transportation Research Part B-Methodological, 2006,40(5):368-395.

[7] Li H, Peng J, Liu W R, et al. Stationary charging station design for sustainable urban rail systems: A case study at Zhuzhou electric locomotive Co. , China[J]. Sustainability, 2015,7(1):465-481.

[8] Lu X C, Chen Q B, Zhang Z J. The electric vehicle routing optimizing algorithm and the charging stations' layout analysis in Beijing[J]. International Journal of Simulation Modelling, 2014,13(1):116-127.

[9]Mak H Y, Rong Y, Shen Z. Infrastructure planning for electric vehicles with battery swapping[J]. Management Science, 2013, 59 (7): 1557-1575.

[10]Singh M, Kumar P, Kar I. A multi-charging station for electric vehicles and its utilization for load management and the grid support[J]. IEEE Transactions on Smart Grid, 2013,4(2):1026-1037.

[11]Tsai M T, Chu C P. Evaluating parking reservation policy in urban areas: An environmental perspective[J]. Transportation Research Part D-Transport and Environment, 2012,17(2):145-148.

[12]Zhang X, Fan Z. Method for risky hybrid multiple attribute decision making based on prospect theory[J]. Journal of Systems Engineering, 2012,27(6):772-781.

[13]Zhang Y, Wang H, Liang S, et al. Temporal and spatial variations in consumption-based carbon dioxide emissions in China[J]. Renewable and Sustainable Energy Reviews, 2014,40:60-68.

[14]Zhao H, Guo S, Fu L. Review on the costs and benefits of renewable energy power subsidy in China[J]. Renewable and Sustainable Energy Reviews, 2014,37:538-549.

[15]北京清华同衡规划设计研究院联合中国城市公共交通协会. 2016 停车行业发展白皮书[EB/OL]. (2017-06-09)[2019-12-01]. https://zhuanlan.zhihu.com/p/27356854.

[16]程世东. 我国当前停车产业政策及推进实施状况[J]. 建筑机械,2016(7):8-9.

[17]丁兆威. 2017 第三届中国云停车产业发展论坛"引爆"停车市场[J]. 中国公共安全,2017(7):90-93.

[18]国务院办公厅. 国务院办公厅关于加快电动汽车充电基础设施建设的指导意见[R].2015.

[19]过文魁,刘树斌. 大城市公共停车场建设困境与对策——以杭州市为例[J]. 城市交通,2015,13(4):37-43.

[20]杭州市综合交通研究中心. 杭州主城区停车现状评估及对策研究

[R].2012.

[21]杭州市综合交通研究中心.面向公交优先的杭州市道路网络建管决策支持系统[R].2017.

[22]杭州综合交通研究中心.杭州市道路交通仿真系统研究[R].2016.

[23]乐阳,龚健雅.Dijkstra最短路径算法的一种高效率实现[J].武汉测绘科技大学学报,1999(3):209-212.

[24]李红莲.可换乘条件下的城市多模式交通分配研究[D].北京:北京交通大学,2011.

[25]李娅.MATLAB R2015b最优化计算[M].北京:清华大学出版社,2017.

[26]李杨,徐峰,谢光强,等.多智能体技术发展及其应用综述[J].计算机工程与应用,2018,54(9):13-21.

[27]廖守亿,王仕成,张金生.复杂系统基于Agent的建模与仿真[M].北京:国防工业出版社,2015.

[28]刘林芽,秦佳良,曾峰.轨道交通槽形梁局部振动及参数敏感性分析[J].铁道科学与工程学报,2017,14(11):2363-2368.

[29]梅振宇.城市路内停车设施设置优化方法研究[D].南京:东南大学,2006.

[30]孟梦.组合出行模式下城市交通流分配模型与算法[D].北京:北京交通大学,2013.

[31]孟宪春,丁承君,段萍,等.多智能体技术的发展和应用现状[J].河北工业大学学报,2006(3):6-12.

[32]温剑锋,陶顺,肖湘宁,等.基于出行链随机模拟的电动汽车充电需求分析[J].电网技术,2015,39(6):1477-1484.

[33]文颖.基于复杂系统理论的停车设施规划研究[D].武汉:华中科技大学,2008.

[34]赵春晓,魏楚元.普通高等教育人工智能专业系列教材多智能体系统建模仿真及应用[M].北京:中国水利水电出版社,2021.

[35]中华人民共和国国家发展和改革委员会.电动汽车充电基础设施发展指南(2015—2020年)[R].2015.